U0918598

本书受2019年度教育部人文社会科学研究“日常生活视角下城郊社会空间变迁研究”（19YJC840029）资助。

未尽的市民化：转型期中国市民化问题研究

罗 峰 著

中国财经出版传媒集团
中国财政经济出版社

图书在版编目（CIP）数据

未尽的市民化：转型期中国市民化问题研究／罗峰著．--北京：中国财政经济出版社，2021.3
ISBN 978－7－5223－0133－4

Ⅰ.①未… Ⅱ.①罗… Ⅲ.①农民－城市化－研究－中国 Ⅳ.①D422.64

中国版本图书馆CIP数据核字（2020）第205840号

责任编辑：彭 波　　　　责任校对：胡永立
封面设计：孙俪铭　　　　责任印制：史大鹏

中国财政经济出版社 出版

URL：http：//www.cfeph.cn

E－mail：cfeph@cfeph.cn

社址：北京市海淀区阜成路甲28号 邮政编码：100142

营销中心电话：010－88191522

天猫网店：中国财政经济出版社旗舰店

网址：https：//zgczjjcbs.tmall.com

北京财经印刷厂印刷 各地新华书店经销

成品尺寸：170mm×240mm 16开 9印张 132 000字

2021年3月第1版 2021年3月北京第1次印刷

定价：68.00元

ISBN 978－7－5223－0133－4

（图书出现印装问题，本社负责调换，电话：010－88190548）

本社质量投诉电话：010－88190744

打击盗版举报热线：010－88191661 QQ：2242791300

前　言

改革开放的40多年时间里，中国社会发生了翻天覆地的转型，这个转型阶段的变化首先发端于经济领域，以市场经济的引入和扩张为标志，同时深刻地融入了中国政治、经济、文化和社会的各个层面。其中，城乡的结构变迁即城市化，正是其核心特征之一。中国城市化及市民化问题的相关研究已然汗牛充栋，本书主要试图对既有研究中所未能触及的若干问题进行推进，并试图借此形成对中国市民化问题的系统性思考。

为了进一步突出本书研究的特色，笔者试图将市民化的问题聚焦于转型这一特殊的历史背景之下。基于此，本书主要触及的议题可以分为以下几个方面：第一，动机。推动农业转移人口市民化意愿的原因何在。第二，空间。在现有的城乡二元空间结构中，承载市民化进程的空间表现何如。第三，群体。正在践行或已完成市民化进程的诸多类型的群体最终将归向何处。第四，治理。围绕着城市生活的诸多相面，具体的社会治理工作实践何为。本书围绕以下几个方面的议题展开研究：(1) 影响城乡居民幸福感的因素研究；(2) 日常生活感受如何影响市民化意愿；(3) 过渡性市民化空间；(4)“凤凰男”的社会认同研究；(5) 新生代农民工的角色困境及其对策；(6) 城市贫困群体及其社会治理；(7) 社区协商推动城市社区的共同体营造。

研究结果发现：第一，中国城市化的长期性与复杂性进一步导致了市民化过程中各个群体的分化，由此带来的群体与个体之间的差异需要得到更大的重视，在具体的政策引导中需要更加强调“以人为本”、因人施政；第二，当前，对于市民化群体而言，制度层面的排斥正在减轻，影响其城市融入的问题正在逐渐转向日常生活中的疏离感以及由此带来的社会认同以及角色定位问题；第三，中国社会（尤其是城市社会）正在面临一场国家从居民日常生活中退场的浪潮，其结果是个体身份的崛起和集体主义的消逝，而基于城市社区的共同体重建，将是应对这一趋势的有力手段之一。

在本书的撰写及出版过程中，华东师范大学城市发展研究院、中国现代城市研究中心以及中国财政经济出版社的诸位领导和同事给予了大力支持，特别需要感谢的是曾刚教授、易臻真老师、宋艳姣老师等提供的指导与帮助，在此一并致谢！

罗　峰

2020 年 8 月于上海丽娃河畔

目　录

第1章

导　论

1.1 研究背景

改革开放40多年，中国发生了翻天覆地的变化，这个变化的过程既是波兰尼笔下的“大转型”，又是梁启超口中“千年未有之变局”的延续，这个转型阶段的变化首先发端于经济领域，以市场经济的引入和扩张为标志，同时深刻地融入了中国政治、经济、文化和社会的各个层面。中国在经济领域取得了长足进展的同时，整个社会结构也在转型作用下发生了深刻而广泛的变迁，其中城乡的结构变迁即城市化，正是其核心特征之一。

对于该问题的理解可以分为两个层面：国家层面的城镇化和个体层面的市民化。从前者的角度来看，城镇化主要意味着农业人口的转移和城市面积的扩张等。在这一点上，中国已经取得了举世瞩目的成就，根据历年《国家经济和社会发展统计公报》及第五、第六次全国人口普查等相关数据显示，中国的城镇人口从2000年的4.56亿人增加到2015年的7.71亿人（人口比重从36.1%增加到56.1%），其中城镇户籍人口比例达到了39.9%。而对于社会个体而言，城镇化则更多地体现为一种市民化的进程，具体表现为农民等群体的“身份与职业”“角色与思想”“生活方式”与“行为模式”等方面向现代市民的转变；社会保障和公共服务的平等享有及政治参与和利益代表的合法保障等。

在取得了举世瞩目的城市化成就的同时，对于城市化过程中所暴露出来的问题也有学者提出了相关的思考，并激起了剧烈而广泛的争论。这其中，既有最高层次的以城市规模为讨论中心的城市化道路之争，即发展小城镇还是发展大城市才是中国正确的城市化道路的问题（赵新平、周一星，2002）；也有对于“就地城镇化”或是“以人为本的城镇化”等现实城市化路线、模式的全方位探索（李强、陈振华、张莹，2015；郭宇，2015；张鸿雁，2013）；既有将城市视为一个整体，而从其发展趋势来考察城市化带来的相关风险及其对策的宏观把握（克里斯汀·卢尼、刘霓，2016；陈藻、杨风，2014）；也有针对某一些特定的城市化群体的问题进行分析的具体研究（吴越菲、文军，2016）。由于当前对于城市化问题的研究已经汗牛充栋，无论如何列举前人的研究都难以避免挂一漏万，因此，笔者试图通过总结前人在研究中尚未涉及或者涉及不够深入的某些问题，通过城市移民变迁的视角，来构建自己对于城市化问题的研究格局。

第一，正如前所言，对于中国的城市化问题的理解可以分为两个层面：国家层面的城镇化和个体层面的市民化，对于社会个体而言，城镇化则更多地体现为一种市民化的进程，而在这个进程之中，推动诸多不同类型的农业转移人口完成市民化实践的动机则在于城市所能带来的幸福感提升以及日常生活层面的诸多感受差异。因此，本书将市民化的动机作为研究的起点加以探析。

第二，作为市民化路径中从农村到城市的中间空间形态，以“城中村”、城乡接合部等为代表的各种类型过渡性市民化空间都没有受到足够的学术关注。因此，本书首先试图解决的问题就在于从日常生活市民化的角度入手，通过建构“过渡性市民化空间”概念以及探讨其对于市民化进程的理论价值与现实意义，以期对当前新型城镇化战略的推进提供学术思考。

第三，如果把市民化视为一种城市移民的过程的话，那么社会学研究领域中的城市移民可以分为“劳动力移民”和“知识移民”两大类，通过大量的既有研究梳理可以发现，“知识移民”受到学术界的关注较少，因此，本书试图基于"凤凰男"群体这一典型的"知识移民"，并利用社会认同这一典型的分析工具，来讨论其城市融入问题。同时，对于"劳动力移民"这一主要的市民化群体，也是本书必须保持关注的。基于各种考量，本书选择了近年来不断发展壮大，并且表现出独特群体特质的新生代农民工群体作为研究对象，从而丰富当前对于城市移民的研究面向，并希望启发后续更多的类型化研究。

第四，在城乡结构变迁——即城市化——给中国的社会结构带来多方位、多层次、多向度的变化中，不得不提及的一个问题就是形成了一个独特的城市贫困群体，其中最显著的代表就是数以百万级的城镇下岗职工(尽管中国的城镇登记失业率长期维持在 4.1% 左右，但是由于人口基数巨大，失业人口总体上也接近千万)。该群体未能合理地享有城市化浪潮带来的利益，反而成为城市化的失意者，许多人的生活日趋相对或绝对贫困化，社会地位明显恶化，甚至面临着发展成为一个底层社会的危险。因此，如何认识城市化带来的城市贫困问题并加以治理，也是本书试图阐释的问题之一。

第五，回到城市内部的考察可以发现，近 30 年来城市生产单位的解体，尤其是城市内部移民变迁导致的复杂性等，带来了城市社区的持续衰落，甚至面临解体的危机。这种危机实质上意味着，除了简单地从农村到城市的城市化转变之外，还存在另一种类型的基于城市内部结构变迁的城市化。面对城市社区共同体的解体所带来的一系列社会治理难题，中国城市领域近年来兴起的社会治理创新举措无疑是一条可行之策，因此，本书还试图研究某些立足于共同体重建的社会治理创新的实践经验，从而探索中国城市化的另一个方面的问题及其解决之道。

基于上述考虑，本书将试图对转型期中国城市化若干问题的一些思考做出回答，并在此基础上勾勒出一幅转型期中国市民化进程的宏伟图景。

1.2 研究方法

任何研究方法都有各自的优势之处和局限所在，大范围的随机抽样的问卷调查也许可以帮助我们从全局的角度来把握研究对象，得出简单而具有强大说服力的结论；而质性研究，尤其是个案研究，有助于我们获取社会情境与民众生活的细节，推导出更加丰满、精致、微妙的结论（熊易寒，2008）。换言之，统计分析以个体（样本）信息的最简化来实现总体信息的最大化，从而降低社会生活的复杂性，发现变量之间的因果联系；质性研究则通过对个案的深描，最大限度地呈现社会生活的复杂性，从中提炼出分析性概念和理论假说。两者各有优势，并无高下之分。研究方法的选择一方面要服务于自己的研究目标；另一方面也受制于客观条件，如研究经费、资料来源与丰富程度、研究的门槛（田野调查的准入条件）等。具体而言，本书主要采用了文献法、深度访谈和问卷调查三种研究方法。

第一，文献法。本书对国内外城市研究领域中，涉及本书研究议题的相关学术研究成果进行了较为系统的梳理，还在一定程度上涉及了政府的相关政策文件以及媒体的有关报道。除了以上公开发表的文献，本书还借鉴了华东师范大学多位参与社会实习工作的同学的相关访谈，从而达到较为丰富的文献层次。

第二，深度访谈。为了进一步把握研究对象的具体特征，本书还采用了深度访谈法，主要针对——“凤凰男”这一特殊的城市移民群体，设计了符合研究需求的访谈提纲。

第三，问卷调查。本书的问卷分析，主要涉及三个不同群体：“凤凰男”“农业转移人口”及“城市贫困群体”。其中，针对“凤凰男”的调查共发放问卷500份，有效回收问卷490份；针对“农业转移人口”的调查共发放问卷4000份，有效回收问卷3721份；针对“城市贫困群体”的调查共发放问卷1000份，有效问卷884份（问卷具体内容详见附录）。具体调查情况详见各章节。

1.3 结构安排

正如前所言，本书将试图对转型期中国城市化若干问题的一些思考做出回答，并在此基础上勾勒出一幅转型期中国市民化进程的宏伟图景。基于此逻辑，本书的结构安排如下：

第 1 章为导论，主要阐明本书的研究背景及研究价值，并就研究方法与全书结构安排进行说明。

第 2 章及第 3 章分别研究市民化的起点问题——动机，即城市能够给城乡居民带来的生活变化。具体而言，本书分别选择了幸福感以及日常生活感受这两个偏主观感受层面的指标加以衡量，并以各自的实证研究为基础，提出了未来的市民化进程中，如何改进居民的主观幸福感以及日常生活感受的具体方向，而这也是有序推进农业转移人口市民化的应有之义与最终目的之所在。

第 4 章建构了“过渡性市民化空间”概念以及探讨其对于市民化进程的理论价值与现实意义。作为处于城市—乡村的二元社会空间谱系之间，由身处其间的各种差异化群体进行的以市民化为主要导向的一种空间互动关系所建构的地理与实践的双重意义上的空间。该概念的提出，有助于跳出当前对国家层面的城镇化的片面强调，从市民化个体的日常生活视角来探求其市民化的真实图景。

第 5 章及第 6 章则分别研究了城市外来人口中的“知识移民”和“劳动力移民”的典型群体——“凤凰男”和“新生代农民工”。本书借助各自的社会认同与角色困境为研究视角，探析了其在市民化进程中遇到的问题，并以实证研究为基础，提出了进一步推进上述群体市民化进程的相关途径。

第 7 章则关注到了城市化进程中不容忽视的一个群体——“城市贫困群体”。本书通过社会情境的理论视角，分析了城市贫困群体的贫困结构以及由此可能引发的社会失范行为以及贫困文化等问题。而本章的发现，将为实现城市贫困群体的“精准扶贫”的相关政策调整提供现实依据。

第 8 章则试图从城市社区治理创新的角度来进一步阐释市民化的问题，毕竟市民化的最终实现离不开社区共同体的营造。而在实际的社区治理中，社区协商这一手段无疑是凝结社区内部高度异质的不同类型群体的有效手段。

第 9 章为全书的总结与讨论。本章通过前面对于转型期中国市民化进程中若干具体问题的分析，得出了全书的主要结论并加以凝结提炼，形成了若干有助于进一步提升我国市民化质量的建议，同时也就本书的不足之处及研究展望进行了说明。

第 2 章

怎样的城市让生活更美好

——影响城乡居民幸福感的因素研究

城市是否真的让生活更美好？当前国内以城乡居民的幸福感为命题的实证研究得出了截然相反的结论。因此，城市并不天然意味着更美好的生活，而是更好的城市，让生活更幸福。基于上述认识，笔者运用多层次线性回归模型，对 CLDS 2014 的数据进行了分析。结果显示，城市居民的幸福感整体上仍然高于乡村居民，而这种差异在很大程度上决定于城乡生活方式的差异。因此，要实现“城市让生活更美好”的发展目标，需要在城市化的过程中不断提升城乡居民的获得感，进一步加快城乡公共服务一体化进程，推动城市住房政策改革，实现以家庭为单位的新型市民化模式以及实践更为健全的劳动政策。

2.1 问题的提出

“城市，让生活更美好”（Better City，Better Life）是中国 2010 年上海世界博览会的主题。该主题的提出，不仅点明了人类社会从农村向城市发展的终极目标——更美好的生活，更引发了对于“城市化如何影响个体的生活质量以及如何建设更适宜人居住的城市”等问题的思考。对于该问题的深入探究，有助于在宏观层面分析当前城市化进程中的成就和不足，为后续的城乡建设工作提供更好的参照指标和方向。

从客观现实来看，由于我国长期存在的城乡二元结构，我国的城市和乡村事实上存在着两个区隔明显甚至分裂的社会，城市居民无论在收入水平、生活质量还是社会保障等各个方面均有着明显优势，农村居民对于城市的“趋之若鹜”似乎是一件理所当然的常识。然而这种“常识”却随着城市化的推进以及相关研究的深入而不断受到挑战。一方面，大量调查研究显示，农业转移人口成为城市居民的积极性并不高，持明显的市民化意愿的人口比例基本上保持在30%左右；另一方面，部分研究显示城乡居民主观幸福感存在倒挂现象（即农村居民的幸福感高于城市居民）。例如，零点公司所做的《中国居民生活质量调查报告》显示，2001～2007年，除2006年城市居民幸福感高于农村居民以外，其他6年均低于后者（方纲、风笑天，2009）。这一研究结论不仅符合国外相关研究结论（佩德罗·孔塞桑、罗米娜·班德罗、卢艳华，2013；Okulicz - Kozaryn & Mazelis，2017），也得到了罗楚亮（2006）、邢占军（2006）等人佐证。当然，这一结论也受到了张军华（2010）、赵奉军（2016）、叶初升（2014）等人的质疑。这种质疑集中表现为对于研究方法的指责之上，批评者认为得出城市居民幸福感低于农村居民的相关研究，往往是由于相关研究仅仅将城乡作为一个变量进行区分，并且存在调查工具质量较低、忽视重要分析变量以及未能排除发表偏倚等原因。

事实上，且不论双方争论的对错与否，其研究为我们共同揭示了一个不可忽视的社会事实，“城市，让生活更美好”口号的提出，并不意味着城市相对于乡村的天然优越性，而是更好的城市让生活更美好。那么，如何进一步改善城市现状，从而使城市居民（包括现有居民及农业待转移人口）生活幸福感得到提升，就成为未来城市化从追求数量到追求质量的一个核心诉求。城乡居民幸福感感知的差异，而其背后的意涵也许更为重要——即影响到个体幸福感的诸多因素中哪些是由于城市化进程所致？而这些因素又如何通过城市化进程的改善而得以改进？对上述问题的研究才能够真正为实现更好的城市化和落实“城市，让生活更美好的口号”提供坚实基础。因此，笔者试图通过对全国代表性的调查数据的分析，对城市化背景下城乡居民主观幸福感及影响因素进行研究，以期加深对当前中国城市化质量的理解。

2.2 文献综述与研究假设

当前，对于大众幸福感的城乡差异及其影响因素的研究，主要从两个方面展开，一种是以大众的主观体验为分析对象，着重于分析城市化背景下个体幸福感的构成要素及影响大小（张军华，2011；卿石松、郑加梅，2016；赖晓飞，2012；周绍杰等，2015；Graham et al.，2017；Knight & Gunatilaka，2010）；另一种则将资源占有作为幸福感的影响因素予以强调（孙良顺，2016；史宇鹏、陈斌开，2011；曹大宇，2009；佩德罗·孔塞桑等，2013）。两者共同揭示出了诸多城市化带来的大众幸福感影响的问题，但是前者往往被指摘存在内生性问题，因而缺乏足够的说服力，而后者的关注点则仅仅将城市化作为背景加以考量，对于城市化带来的深刻变化及其对于幸福感的影响挖掘深度不足。在中国这个社会转型的大背景（郑杭生，2003）之下，城市化作为其中一个不容忽视的“大尺度的结构、宏观的制度框架、整体性的城市化和乡村建设进程”（张兆曙，2009），无疑对所有中国人的日常生活都造成了极大的改变甚至冲击，并由此引发了对大众的幸福感极为重要的影响。因此，从城乡居民生活方式的差异入手，建构幸福感影响因素结构，有助于回应上述两个方面的疑问。

2.2.1　城市化背景下城乡居民生活方式的差异

城市生活作为一种生活方式最早提出自 1938 年沃斯发表的论文《作为一种生活方式的都市生活》，该文指出，这种新的生活具体包含“新的人际关系、社会心理、价值观念和生活模式，强调竞争、专业化、浅薄、匿名性、独立等特质”（Louis，1938）。我国学者依据日常生活理论，将生活方式的结构设为家庭生活方式、个人及家庭生活资料谋得与消费方式、个人精神需求的满足方式与能力素质的培养方式、交往方式、社群（社区）生活方式（汪业周，2002）。中国城市化进程的相关研究纷纷指出，城市化在个体层面的体现为市民化，而市民化进程实际上包含农民在生活方式上由农村单一性向城市生活的复杂性和多样性的转变，以及行为习惯、思维方式、社会权益、各种价值观念的转变和生活结构的重建（文军，2009）。因此，生活方式的变迁，不仅仅是城市化的方向，更是城市化的目的。

城乡居民生活方式的差异，可以从大量的统计数据及实证调研中得到佐证。例如，从收入角度来看，自改革开放以来，随着我国经济的快速增长，我国居民生活持续得到改善，但是城乡的人均收入差距却一直保持一定的高位（尽管近年来差距存在不断缩小的趋势），据国家统计局 2017 年公布的数据显示，2016 年我国城乡居民的人均可支配收入比为 2.72。而由于剧烈的城市化导致的城市人口急速膨胀及其衍生问题，对于乡村居民而言，城市居民在享受经济发展成果的同时，也面临着能源、交通、就医、就学、就业、居住、治安、污染等问题，这些极大地影响了城市居民的生活质量（向春玲，2014）。以满足基本居住需求的住房为例，长期以来，我国城乡居民的住房面积一直存在一定的差距，根据 2017 年 7 月 6 日国家统计局公布的数据显示，2016 年城镇居民人均住房建筑面积为 36.6 平方米，而农村居民人均住房建筑面积为 45.8 平方米。同时，农村居民的人均住房增长速度也远远大于城镇居民，分别比 2012 年增长了 23.3% 和 11.1%。

此外，由于城市公共服务由于集聚效应和规模效益，城市公共服务方面的优势远远高于乡村，不仅在医疗、老年福利以及文化服务等设施的可得性远远高于后者，而且在与日常生活休戚相关的商业服务设施的辐射率和覆盖率上也遥遥领先（陈伟东、张大维，2008）。而从最能体现生活方式的消费模式和时间利用的角度来看，城乡居民均存在较大的差距（梁晨，2012；陆小伟，1987），以睡眠为例，有研究指出，相比城市居民，农村居民的睡眠问题更为严重（肖华、王芳、张萍等，2017）。同时，城市化不仅改变了城乡居民的个体生活方式，也重塑了社会交往方式，在现代化条件下，城市化进程在宏观层面改善了居民原有的居住环境，但是在微观层面上却极大地破坏了居民原有的生活结构（文军，2004）。相对于农村而言，城市生活的巨大社会流动性和社会异质性越来越把现代人推到“陌生人社会”的次级人际关系交往上来（风笑天、林南，1998），从而导致了城市居民在社会交往的频率与社会信任度的逐步降低（甘满堂、黄美扬，2017），这一切使中国几千年的“熟人社会”遭受了前所未有的挑战，并造成了城市居民所特有的疏离感（张海东、毕婧千，2014）。

2.2.2　生活方式对于幸福感的影响

基于上述分析可以发现，城市化带来城乡居民之间在生活方式上的巨大差异，会在很大程度上对其主观幸福感产生影响。参照既有文献，笔者将主要关注生活水平、居住环境及生活节奏与习惯等三个层面对于城乡居民的主观幸福感的影响。

第一，作为物质生活的基础，个体的生活水平无疑将对其幸福感产生非常显著的影响。广义的生活习惯包括个体的身体状况、工作类型、闲暇生活以及消费方式等层面。以消费的影响为例，有研究指出，文化消费相对于物质消费，能够给居民带来更大的幸福感（赖晓飞，2012）；从生活水平的个体状况来看，居民健康状况对于居民的幸福感影响程度最大，要远远高于工作状态的影响力（王慧慧，2014），个体对于生活水平的主观感知程度，也会影响到幸福感（叶初升、冯贺霞，2014），从宏观层面来看，个体所处的城市区域、级别等及其所带来的居民之间生活水平的差距等社会现实也会导致巨大的幸福感差异。据此我们可以得出假设，居民所处的地区总体发达程度及其个体的生活水平质量越高，其幸福感越强。

第二，无论是田园牧歌的乡村，还是车水马龙的城市，生活方式的差异首先体现于居住空间之上，20 世纪 90 年代以来，中国社会经历伴随着城市化的突飞猛进的总体社会转型，不但从社会空间结构上改变了包括城市居民和农民在内的社会成员的物理生活空间，也重塑了其生活方式。因此，居住环境无疑也与城乡居民的幸福感差异密切相关。已有研究表明，居住环境对于幸福感有非常显著的影响。相对于农村而言，城市在人口密度、绿化率等指标上存在量变到质变的可能性，甚至有研究将这些城市空间的特质视为降低城市居民幸福感的根源（Okulicz - Kozaryn & Mazelis，2017）。其他研究也纷纷指出，居住环境尤其是距离公园距离的远近能够极大地影响居民的幸福感（White et al.，2013）。而国内研究则更多地聚焦于住房的影响，例如，从住房产权的类型和归属来看，拥有大产权住房和更多的大产权住房能够显著提高居民幸福感，同时大产权住房数量对居民幸福感的提升存在边际作用递减的效应等（李涛、史宇鹏、陈斌开，2011）。据此，我们可以认为，微观层面的住房、中观层面的社区以及宏观层面的城市的具体特质都可以影响到居民的幸福感，而居住环境的舒适度、安全度及便利程度可以极大地提升居民的幸福感。

第三，城乡居民的生活方式的差异还表现为生活节奏与习惯之上。既有研究指出，而工作之外的时间使用将会给幸福感带来极大的影响，例如，休息时间越长，越有助于幸福感的提升（Graham et al.，2017），而闲暇时间休闲娱乐是导致城乡居民幸福感差异的重要因素之一，既有研究已经指出，传统的中国社会属于典型的熟人社会，因此大众的日常生活往往嵌入在各种社会关系之中（Lin & Bian，1991），因此，中国大众的社会关系网络往往具有特别的研究意义。而随着城市化，带来最显著的变化就是原有熟人社会被打破，以及全新的社会网络的重组。这种重组，主要涉及家庭关系组成的改变以及社会关系的改变。已有研究也表明，社交网络的深度和广度都会对生活满意度有积极影响①，而由于友善的人际交往关系所带来的对个体的自我认同感也对幸福感有很强的正面影响（Oishi et al.，2008）。因此，我们有理由相信，对个体而言，生活节奏的自由度及生活习惯的丰富度越高的个体，其幸福感越强。

2.3 研究设计

2.3.1 数据来源

本书研究数据来自2014年中国劳动力动态调查（简称CLDS）。CLDS是中山大学社会科学调查中心收集和发布的全国第一个以劳动力为主题的全国性跟踪调查，自2012年起每两年开展一次动态追踪调查。CLDS涵盖劳动力的就业、居住、家庭财产与收入、家庭消费、健康和幸福感等一系

① 具体包括拜年网中朋友的比例、邻里互动频率和非正式社会参与，详见马丹．社会网络对生活满意度的影响研究基于京、沪、粤三地的分析［J］．社会，2015（3）：168－192．

列丰富的信息。该数据 CLDS 以 15～64 岁的劳动年龄人口为对象，采用多阶段、多层次与劳动力规模成比例的概率抽样方法，覆盖中国 29 个省区市，样本规模为 401 个村居，14214 户家庭，23594 个个体。在去除相关缺失值的样本后，用于分析的样本量为 21250 个个体。其中，农村地区样本 13236 个，城市地区样本 8014 个。

2.3.2　变量说明①

本书研究考察的核心变量是主观幸福感，根据 CLDS 2014 问卷中的问题："总的来说，您对当前的生活是否满意?"进行考察，赋值为 1～5 的序数变量（1 为非常不满意，5 为非常满意）。

为了实现后面所提到的模型分析的需要，本书研究考察的因变量包括城市层面和个体层面两个类型。其中，城市层面的变量包括：被访者地级市城市化率、所在县区 2014 年 GDP、所在地区是否有非农产业、所处区域、城市污染程度、城区绿化覆盖率、城市工业 SO_2 排放量、所在城市人口密度、城市病床数（张）等；个体层面的变量包括：被访者的社会阶层认知、是否预期社会阶层提升、社会公平程度、家庭收入、家中是否有汽车/保姆、旅游休闲消费比例、住房情况（类型、面积、产权、增值、贷款）、社区情况（类型、可达性、融合程度、安全程度、设施丰富程度）、是否与配偶同住、工作时间（小时/周、天/月）、通勤及睡眠时间、每周外出聚餐及家人聚餐次数、是否抽烟/喝酒等。

此外，为了控制个体因素的差异带来的影响，本书还控制了以下常见变量：性别、婚姻状况、教育程度、政治面貌、年龄、工作状态、健康程度等。

2.3.3　分析方法

本书采用了多层次线性回归模型考察城乡居民幸福感的影响因素。该方法是处理层次结构数据的主流方法。在社会科学中，很多调查和现象都

① 本书的变量数据基本上来源于 CLDS 2014，城市层面的部分变量为笔者根据国家统计年鉴整理而成，时限同为 2014 年。篇幅所限，变量具体单位等说明见表 2-1 中的变量具体描述性统计。

体现为多层次的数据结构。在对个体进行研究时，如果忽视个体数据之间的嵌套关系，并简单地将具有高层次特征的变量放在个体水平进行分析，会因为高层次组内个体变量之间存在相关性而违背多元线性回归分析中的基本假定，从而导致估计偏误或基于群体推断个体的区群谬误（ecological fallacy）。多层次模型则很好地解决了这一问题（Kreft et al.，1998；Raudenbush & Bryk，2002；Tom et al.，1999），且在相关研究中得到了广泛的应用（崔岩，2012；朱迪，2016；黄荣贵、桂勇，2016）。

在本书的研究中，由于采用多层次抽样调查，因此很多个体来自同一县市。为了防止同一城市的特征对居民的幸福感会产生结构性影响，本书采用了城市层面的随机截距模型，即认为不同城市个体之间的幸福感差异主要由其所在城市平均水平的差异导致，而不同城市相关变量对居民幸福感影响的斜率相同。该模型包括个体和城市两个层面，其中个体层面的模型设定如下：

$$LS_{ij} = \alpha_{0j} + \sum \beta_{ij} X_i + \varepsilon_{ij} \tag{2-1}$$

其中，β_{ij}是个体层面变量的回归系数，X_i为个体层面的自变量向量，ε_{ij}为个体层面的城市 j 中个体 i 未被方程解释的残差。

城市层面的模型设定为：

$$\alpha_{0j} = \gamma_{00} + \mu_{0j} \tag{2-2}$$

其中，μ_{0j}为 j 城市层面的随机效应。模型的参数由 Stata 13.0 软件估计获得。

2.4 结果分析：城乡居民幸福感的差异及其影响因素

2.4.1 描述性统计：城乡居民生活水平与幸福感的差异

如表 2－1 所示，城乡居民的生活水平存在较大的差异。总体来说，首先，城市居民的生活水平更高，但是感受到的社会流动性较差。具体而言，城市居民所处社会阶层和家庭收入水平都相对更高，家庭拥有汽车的比例和休闲旅游消费也比较高，但是预期未来五年阶层会提升的比例和感受到的社会公平性反而较小。其次，城市居民的住房财富和社区可达性较高，但是住房面积和社会融合程度等较差。具体而言，城市居民中有相当比例（超过20%）的居民租房居住，且人均住房面积比农村居民低近 10 平方米/人；但是，城市居民住房财富的增值幅度很大，且大部分在购房中能够使用公积金，因此房贷的比例反而较低；与农村相比，城市社区的安全性、环境清洁程度和社区融合程度都较差。但是，城市居民社区的设施可达性和丰富程度都高于农村地区。最后，城乡居民的生活节奏和生活习惯也有较大差别。其中，城市居民的工作相对更为轻松，但是通勤压力较大，睡眠时间也偏少；城市居民在外就餐的情况更为常见，但是与家人相处的时间（家人聚餐次数和配偶同住比例）却与农村居民没有显著差异，说明目前农村地区随着很多人外出打工也出现了分居和生活方式的变化；城市居民虽然酒吧等设施更多，但在吸烟和饮酒方面比农村居民的频率更少。上述结果显示，城市化对居民幸福感的影响有利有弊。不过，表 2－1 的分析结果显示，中国城市地区居民的生活满意度均值为 3.73，而农村居民的生活满意度均值为 3.61，两者之间存在显著的统计差异（$t=10.02$；$p=0.00$）。这一结果与前面所指出的张军华等人关于中国居民幸福感的研究一致，但是与西方和部分关于中国居民幸福感的研究有所不同[①]。这一分析结果表明，城市居民的幸福感比农村地区的幸福感更高，暗示城市化的生活方式总体上会提升居民的幸福感。

表 2－1　　城乡居民生活水平及幸福感的差异

	城市居民		农村居民	
	均值/样本量	标准误/百分比	均值/样本量	标准误/百分比
幸福感	3.73	0.90	3.61	0.92
生活水平				
感觉所处社会阶层	4.69	1.68	4.42	1.66

① 参见：Easterlin R A, Angelescu L, Zweig J S. The impact of modern economic growth on urban－rural differences in subjective well－being [J]. World development, 2011, 39 (12): 2187－2198; Luo C. Urban－rural divide, employment, and subjective well－being [J]. CHINA ECONOMIC QUARTERLY－BEIJING, 2006, 5 (3): 817.

续表

	城市居民		农村居民	
	均值/样本量	标准误/百分比	均值/样本量	标准误/百分比
预期未来会有社会阶层提升的比例	4137	51.62%	7298	55.14%
感受到的社会公平程度	3.18	0.90	3.30	0.88
家庭收入（元；取对数）	10.79	1.48	10.03	1.66
所在县区 2014 年 GDP（亿元；取对数）	6.17	1.00	5.43	1.02
家中拥有汽车的比例	2108	26.30%	1791	13.53%
家庭用于旅游休闲消费的比例	0.03	0.10	0.01	0.59
居住环境				
住房产权类型：租户	1653	20.63%	491	3.71%
住房产权类型：拥有住房产权家庭	5730	71.50%	12074	91.22%
住房产权类型：拥有准住房产权家庭	631	7.87%	671	5.07%
住房平均面积（m^2/人）	23.96	29.86	33.77	41.30
住房估计增值（元；取对数）	6.47	8.71	4.00	10.29
拥有住房公积金的比例	1624	20.26%	211	1.59%
住房贷款占购房金额的比例	0.14	0.26	0.23	0.32
可达性（合成指标）	3.60	0.72	2.72	1.16
污染程度（合成指标）	1.05	0.56	0.68	0.65
社区融合程度（因子得分）	-0.47	0.99	0.27	0.91
社区安全程度	2.95	0.66	3.31	0.63
社区设施的丰富程度	5.70	1.90	4.18	1.95
生活习惯与节奏				
每周工作时间（小时）	28.02	26.74	31.25	27.74
每月工作时间（天）	14.68	12.43	17.20	12.48
每天通勤时间（分钟）	20.57	33.50	17.54	29.62
每天睡眠时间（小时）	7.48	1.20	7.73	1.41
每周工作日在外吃晚餐情况（次）	2.68	1.65	2.39	1.83

续表

	城市居民		农村居民	
	均值/样本量	标准误/百分比	均值/样本量	标准误/百分比
每周家人聚餐次数（次）	1.51	1.62	1.44	1.71
与配偶住在家里的比例	5524	68.93%	9381	70.87%
有吸烟历史的比例	1968	24.56%	3781	28.57%
有饮酒历史的比例	1476	18.42%	2493	18.83%

2.4.2　回归结果分析：城乡居民幸福感的影响因素

本书研究的分析结果详见表 2－2，从中可以发现，城乡居民的幸福感所受的影响因素有所不同。首先，家庭和个人的社会经济变量也对城乡居民幸福感有一定的影响。与大部分已有研究结论一致，女性的幸福感更高，年龄与幸福感之间存在“U”形关系，健康则与幸福感存在显著的正向联系。不过，部分变量对城乡居民幸福感的影响不一致。婚姻能够提升城市居民的幸福感，而对农村居民影响不大。这与前面提出的家庭重要成员对城市居民的重要性随城市化中的社会个体化而变得更加重要有关。受教育水平对农村居民的幸福感有显著的正向影响，而对城市居民影响不大。这主要由于教育水平在农村地区相对更为稀缺，因此往往与社会地位乃至荣誉感相挂钩，而在城市地区与两者的关系相对没那么强，且可能随着教育水平的增加对生活水平的要求和与他人的比较心理都开始增加，抵消了教育水平对幸福感的提升作用。工作对于城市居民的幸福感也十分重要，这部分由于农村人口在中国的背景下不存在失业；不过，这也凸显了工作机会对城市居民收入来源和社会地位的重要性。上述结果表明，城市化相对降低了教育对幸福感提升的作用，而增加了婚姻和工作的重要性，提示政府应该积极应对城市地区的“剩男剩女”和失业问题，提升就业服务，并通过鼓励建立城市婚姻介绍机构等方式帮助城市居民找到理想的人生伴侣。

其次，尽管生活水平大体对城乡居民生活满意度都有正向影响，但是具体影响因素乃至方向有所差异。如城乡居民的幸福感都受其所在社会阶层、感受到的社会公平性和家庭收入的正向影响，但是对未来社会阶层提升的预期对于城市居民更为重要，而对农村居民影响不大，说明随着城市化的推进，居民日益在意阶层社会流动性等个人发展程度。此外，城乡居民所受区域经济社会发展水平的影响也不同。城市居民会受到所在城市城市化水平的影响，而农村居民更在意所在地区的经济发展水平，暗示随着城市化的进步，居民逐渐从追求经济发展转向追求公共服务水平和城市文明；有意思的是，西部地区的农村居民幸福感相对更高，而中部地区的城市居民幸福感相对更低，这可能与西部地区的扶贫工作和经济发展的“中部塌陷”现象有关，不过也可能与西部地区居民相对民风更加淳朴、对生活的要求较低有关。

再次，居住环境对城乡居民幸福感的影响也有所不同。住房面积对城乡居民幸福感都没有显著影响，而住房所有权对城乡居民幸福感的影响十分显著，不过住房所有权对城市居民幸福感的影响更大，说明随着城市化的发展居民日益重视住房等资产的产权，当然这也与城市住房产权更难获得、对子女上学等影响更大有关；住房财富增值和购房压力对城乡居民幸福感有一定影响，但有趣的是尽管城市居民的住房财富增值幅度更大，但是农村居民幸福感对住房财富增值更为敏感，这可能部分由于城市居民的住房财富增长的效应涵盖在住房所有权内；此外，城乡居民幸福感都不受购房时贷款压力的影响，不过是否有住房公积金对于城市居民而言十分重要。上述结果表明，随着城市化的发展，居民对住房产权和政府购房补贴等日益重视，提出了政府推动“居者有其屋”等住房所有权政策的必要性；这也反过来表明目前中国城市很多基本权利与住房产权挂钩，未来有必要推动“租住同权”等改革。社区环境对城乡居民的幸福感都有显著影响，尤其是社区融合和安全性等社会环境和污染等自然环境；城乡居民对服务设施的需求有所不同——尽管城乡居民的幸福感都受社区设施可达性影响，不过城市居民相对更在意社区设施的可达性；农村居民较为在意社区设施的丰富程度，而城市居民比较关心社区类型和城市整体的医疗资源。这说明，城市化使居民逐渐对公共设施的需求产生了分层，对于基础设施侧重社区层面的可达性，而对于医疗资源等更注重城市层面的整体供给；此外，社区社会环境对城乡居民幸福感的重要性也论证了雅各布斯对城市化的论断，提出了增加邻里交往和互信、提升社区安全环境的重要性。

最后，日常生活方式对于城乡居民幸福感也有重要影响。与配偶同住能够提升城乡居民的幸福感，而对城市居民而言尤其重要，暗示在相对个体化的城市社会中，重要家庭成员同住变得更加重要，成为提供社会支持、减少压力和孤独感的重要手段。上述结果也提出了目前城乡地区家庭成员分居的社会问题，未来有必要通过提供更多工作机会等减少两地分居，并通过增加社会关怀等减少分居带来的不利影响。工作强度对于城市居民幸福感影响更大，尤其是每月工作天数和每天的休息时间都对城市居民幸福感有显著影响。一方面，由于农村居民的工作节奏较为自由，因此不太容易通过劳动—休息时间衡量劳动强度；另一方面，由于在城市化的工作环境下，定期而充分的休息对于减少居民工作疲惫感、维持各种休闲活动来说十分必要。吸烟和饮酒等健康行为对城乡居民幸福感的影响也有所差异——吸烟会降低农村居民的幸福感，但是饮酒却能够提升城市居民的幸福感。这可能由于农村居民吸烟往往与生活压力较大有关，饮酒在中国的文化背景下则往往对于社交和助兴等有一定的好处，因此可能间接提升幸福感。

多层次回归模型结果如表 2 - 2 所示。

表 2 - 2　　多层次回归模型结果

因素归类		农村		城市	
		系数	P 值	系数	P 值
生活水平	感觉所处社会阶层	0.096***	0.00	0.103***	0.00
	是否预期未来会有社会阶层提升（是 =1）	0.017	0.26	0.062***	0.00
	感受到的社会公平程度	0.274***	0.00	0.220***	0.00
	家庭收入（元；取对数）	0.033***	0.00	0.028***	0.00
	所在地级市城市化率	0.051	0.56	0.164*	0.06

续表

因素归类		农村		城市	
		系数	P 值	系数	P 值
生活水平	所在县区 2014 年 GDP（亿元；取对数）	0.053***	0.01	-0.043	0.11
	所在地区是否有非农产业（是=1）	0.032	0.58		
	所在区域（东部=0）				
	中部	0.019	0.65	-0.093*	0.05
	西部	0.118**	0.03	-0.052	0.32
	家中是否拥有汽车（是=1）	0.086***	0.00	0.069***	0.00
	家中是否雇佣保姆（是=1）	0.271**	0.01	0.074	0.18
	家庭用于旅游休闲消费的比例	0.016	0.17	0.234***	0.01
居住环境	住房类型				
	住房产权：是否为雇主（租房群体=0）	0.094**	0.02	0.122***	0.00
	住房产权：是否为准产权所有者（租房群体=0）	0.111**	0.02	0.072*	0.07
	住房平均面积（m^2/人）	0.000	0.64	0.000	0.17
	住房估计增值（元；取对数）	0.001**	0.05	0.001	0.21
	拥有住房公积金的比例	0.079	0.17	0.048*	0.07
	住房贷款占购房金额的比例	-0.018	0.45	-0.038	0.30
	可达性（合成指标）	0.012*	0.08	0.032**	0.02
	污染程度（合成指标）	-0.021*	0.08	-0.040**	0.02
	社区融合程度（因子得分）	0.089***	0.00	0.072***	0.00
	社区安全程度	0.121***	0.00	0.101***	0.00
	社区设施的丰富程度	0.010*	0.08	0.001	0.95

续表

因素归类		农村		城市	
		系数	P 值	系数	P 值
居住环境	社区类型（内城老旧社区 =0）				
	单位社区			-0.007	0.83
	商品房社区			-0.001	0.98
	其他社区			-0.059*	0.06
	城区绿化覆盖率			0.001	0.59
	城市工业 SO_2 排放量（吨）			-0.000	0.42
	所在城市人口密度（人/ km^2）	-0.000	0.40	-0.000	0.77
	城市病床数（张）	-0.000	0.27	0.002**	0.03
生活习惯与节奏	与配偶住在家里（是 =0）	0.088***	0.00	0.100***	0.00
	工作时间（小时/周）	-0.000	0.78	-0.000	0.48
	工作时间（天/月）	-0.001	0.40	-0.005***	0.00
	每天通勤时间（分钟）	0.000	0.79	-0.000	0.60
	每天睡眠时间（小时）	0.014***	0.01	0.024***	0.00
	每周工作日在外吃晚餐情况（次）	0.002	0.57	-0.005	0.34
	每周家人聚餐次数（次）	0.008*	0.05	0.006	0.30
	是否吸烟（是 =1）	-0.036*	0.07	-0.042	0.11
	是否喝酒（是 =1）	0.024	0.24	0.060**	0.02
个体及家庭变量	女性	0.061***	0.00	0.075***	0.00
	是否已婚	0.015	0.59	0.098***	0.01
	教育程度（初中及以下 =0）				
	高中	0.062***	0.01	-0.007	0.74
	大学及以上	0.090**	0.02	0.023	0.41
	年龄	-0.024***	0.00	-0.034***	0.00

续表

因素归类		农村		城市	
		系数	P 值	系数	P 值
个体及家庭变量	年龄平方	0.000***	0.00	0.000***	0.00
	是否为党员（是=1）	0.056	0.11	0.045	0.11
	目前有无工作（有=1）	-0.018	0.46	0.135***	0.00
	健康程度	0.131***	0.00	0.132***	0.00
	Bmi（kg/m²）	0.003	0.13	0.001	0.80
	常数项	0.781***	0	1.546***	0.00
	N	13236		7646	

注：***、**、*分别表示在1%、5%和10%的统计水平下显著。

2.5

结论与启示：城市如何让生活更美好？

习近平主席指出："要使改革发展成果惠及全体人民，不断增强人民群众的获得感、幸福感。"而城市化作为改革发展的重要成果，其为全体居民所共享的意义也正在于使其成为提升我国大众幸福感的重要载体而存在。因此，城市如何让生活更美好就成为摆在社会学者们面前的一道重要课题。为了进一步探究当前城乡居民幸福感差异及其影响因素，本书通过生活方式的视角，运用多层次线性回归模型对2014年中国家庭追踪调查数据进行了分析。结果显示：不仅城乡居民在幸福感的主观感受上存在显著差异，同时，不同的生活方式对其幸福感影响的作用也存在较为显著的影响区别。这佐证了前人关于城乡居民幸福感差异的结论，即在控制个体及区域变量的情况下，当前城市居民的整体幸福感还是强于农村居民；更重要的意义在于揭示出这样一个社会事实：城乡居民幸福感的差异在很大程度上来源于双方生活方式的差异。当然上述差异性一方面可以视为城市化进程所必然带来的弊端，如居住空间的隔离、逼仄以及疏远等；另一方面，这也为我们在城市化率不断提升的今天，进一步提升城乡居民的幸福感提供了相关启示。

第一，城市增长带来的经济增长并不能直接带来生活的美好，相较于农村居民对于经济发展程度的重视，城市居民更在意的是城市化能否为个人提供更好的发展和社会阶层提升的机遇。因此，如何进一步提升城乡居民的获得感，保证城市化对于大众日常生活水平带来重大提升充分转化为城市居民的切身体会将成为城市社会治理的一个重要关注点。

第二，城市化的成果应该为全体国民所共享，因此，在坚定不移地继续城市化道路的同时，提出更为清晰的因地制宜、因时制宜的差异化城市化路线，让更多的农村居民融入城市化之中来，才是城市化应该采取的策略。同时，从城乡居民对于社区服务设施的需求差异可以看出，当前困扰乡村居民的公共服务问题依旧停留在覆盖范围及丰富程度等较低的层次之上，因此有必要进一步加快城乡公共服务一体化的进程。

第三，不同于城市居民对住房产权的重视，乡村居民更在意的是住房本身价值，这说明了教育、医疗等城市基本权利问题挂钩的现状极为严重，因此，住房产权将是未来城市化推进过程中必须予以重视的问题，亟待更为切实有效的“居者有其屋”的住房所有权政策及“居住同权”等相关改革措施的出台。

第四，城市化对于我国现有社会及家庭结构带来了巨大的冲击，不仅带来了城乡居民家庭分居的问题，也割裂了个体社会支持的维系，本书的研究证实，城市带来的个体化趋势，提升了婚姻、家庭及社区环境对于城市居民的重要性。因此，一方面有必要重建社区邻里的交往与互动，另一方面也在呼吁家庭市民化模式的出现。

第五，本书的研究显示，工作本身能够有效地提升城市居民的幸福感，而随着工作强度的提升（工作时间的提升及睡眠时间的下降）则会降低幸福感，同时充足的休闲活动时间及消费均有助于提升城市居民的幸福感，这说明就个体的微观层面而言，美好的生活意味着一种工作与休闲相平衡的状态。因此要进一步增进城市就业，并确保相关的劳动者权益保护法律法规进一步落到实处。

第3章

日常生活感受如何影响农业转移人口的市民化意愿

日常社会感受影响不同类型农业转移人口市民化意愿的重要因素，本章基于一项全国范围的调研数据发现：对农业政策的满意程度会降低市民化意愿，而身处一线城市的农业转移人口市民化意愿更高；周边城市市民的友好程度能够有效提升市民化意愿；对生活现状满意度和对收入合理认同度越高的群体则越不愿意改变其当前身份。本章研究指出，应该将农业转移人口的主观感受纳入未来市民化的工作重心中来，从而构建一种更有幸福感、获得感和安全感的市民化意愿。

3.1 问题的提出

近几十年以来，随着中国城市化的发展，农业转移人口以每年接近百万人口的速度成为市民，这不仅仅从侧面说明了中国改革开放以来经济建设所取得的巨大的成就，也带来了不可避免的各种社会问题。这之中，最为核心和关键的问题在于如何有效地促进“有能力在城镇稳定就业和生活的常住人口有序实现市民化”。然而随着户籍制度的放开以及城市经济社会的发展，农业转移人口的市民化意愿却依旧保持在一个相对偏低的水平（文军，2012）。这意味着物质满足之外，主观感受及其背后反映出来的问题开始成为农业转移人口不愿意成为市民的重要原因。

2017 年 11 月，习近平总书记在党的十九届中央政治局常委会中指出，“要不断增强人民的获得感、幸福感、安全感”，标志着党中央已将人民群众的主观感受作为一个重要的执政指标。而对于已经完成或者正在进行市民化过程的不同类型农业转移人口而言，这份主观的“获得感、幸福感、安全感”在很大程度上可以从他们对于市民化的认同感体现出来。因此，将其主观感受纳入现实研究中来，就成为未来市民化研究推进的一个重要方向。

3.2 文献回顾

由于长期城乡二元结构的存在，农民到市民显然能够带来社会生存环境和生活机遇的巨大提升，然而，当前相当多的实证调研都指出，农业转移人口的市民化意愿整体偏低，这种有悖于逻辑的反差事实引起了大量学者的研究兴趣。

3.2.1 农业转移人口市民化意愿的既有研究评述

当前，对于农业转移人口市民化意愿的研究已经较为深入，这之中既有诸如从现实案例出发，遵循斯科特关于农民道义经济学的“安全第一”的理论径路展开田野研究的典范（毛丹、王燕锋，2006），更存在大量基于实证数据的分析。具体而言，既有研究已经指出，影响农业转移人口的市民化意愿的因素包括但不限于：农民工群体自身的性别、学历、社会资本等（徐建玲、刘传江，2007；陈延、金晓彤，2014；张超、毕道君，2017；李晓阳等，2013）；亲友的意见以及过往务工经验（程淑平等，2017）；家庭状况以及城市的居住类型以及生活经历（姚植夫、薛建宏，2014；石智雷、彭慧，2015；罗丞，2017）；包括是否在城市购房等因素在内的城市融入感（张丽艳、陈余婷，2012）；所在城市的规模、提供的社会保障以及社会交往情况，等等（王慧博，2013；王桂新、胡健，2015；叶俊焘、钱文荣，2016）；此外，还有学者专门强调了农民工市民化意愿在推动城镇化进程中的重要作用，并指出了群体间和群体内的相对经济剥夺感受如何塑造农民工市民化意愿等（胡军辉，2015）。

纵观既有研究可以发现，当前对于农业转移人口市民化意愿的研究已经很成体系，并且总结归纳出了相当数量的农业转移人口市民化影响因素。但是，依旧存在着以下一些不足：对于农业转移人口的类型差异化关注度有待进一步强化。对于农业转移人口，尽管有学者提出了详尽的类别划分标准，但是大部分实证研究往往关注到某一特定类型（主要是农民工）的市民化意愿而忽略了其他类型（如失地农民等），或是局限于某一特定类型而缺乏对于不同类型之间差异的比较，这一点其实并不难理解，毕竟农民工的数量最为庞大，他们不但是农业转移人口的主要组成部分，还是市民化的首要对象。同时，当前的对于市民化意愿偏低的归因研究往往将目光更多地聚集在较为客观的因素上，而忽略了农业转移人口在该过程中的主观感受。

3.2.2　日常生活感受结构与研究框架

追溯到日常生活与市民化进程之间的关联，有学者早已指出，“实际上，大尺度的结构、宏观的制度框架、整体性的城市化和乡村建设进程也是一种理解农民命运的路径和视野，它们构成了决定农民命运的总体性安排。市民化过程彻底改变了农业转移人口的日常生活”（张兆曙，2009）。大量有关市民化的实证研究也已经讨论过，农业转移人口的市民化过程实际上包含从农民到工人的职业切换、从农民到市民的身份转型以及从农村到城市的生活方式重塑，生活方式的市民化才是最终的方向。而前面所列举的诸多文献，其实正是从日常生活的不同侧面去探索其对于农业转移人口的市民化意愿的影响。城市化这一历史巨变的“社会事实”存在着“日常生活”（everyday life）这一重要的方面（杨建华，2002）。而农业转移人口在市民化这一日常生活事件中，也面临主观和客观两个基本的面相。在此分析层次中，前面所述的研究大多数集中于客观层面，列举了基于客观体系的诸多影响因素，而忽视了个体作为亲历者的主观感受，事实上，作为市民化这一日常生活事件的践行者，农业转移人口无时无刻不身处于国家、社交乃至个体所构成的巨大背景之中，其主观的“感受结构”①，可能会通过一种情绪上的表达，从而型塑个体最终的市民化的意愿。具体而言，这种感受依据其涉及结构，从大到小可以依次分为国家政策层面的感受、社交层面的感受以及个体层面的感受。

因此，本章将基于一项全国范围内的农业转移人口市民化实证调研数据，将农业转移人口中三大主要群体：居村农民、进城农民工以及失地农民，纳入整体的类型化比较分析中来，并且建立起以市民化这一日常生活事件为出发点的个体主观感受结构为基础的整体研究框架，从而进一步深化当前对市民化意愿的研究。本章研究的分析框架如图 3－1 所示。

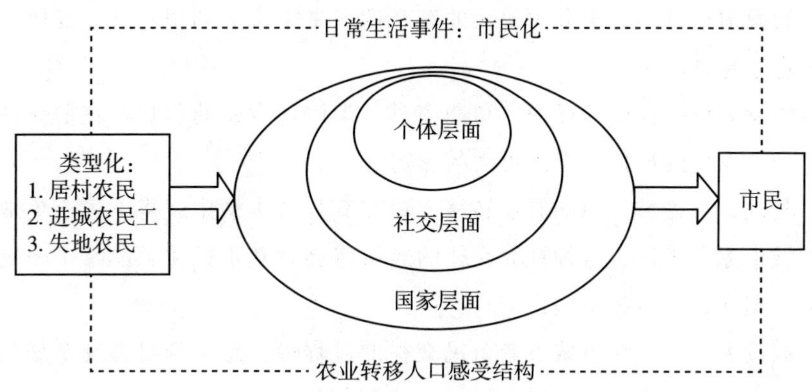

图 3－1　本章研究的分析框架

3.3

研究假设、数据来源及变量说明

3.3.1　研究假设

本章试图在前人的基础上解决两个具体问题：第一，不同类型的农

---

① “感受结构”（structures of feeling），是指“一种社会体验和关系的独特性质，这种独特性质历史性地区别于其他独特性质，从而赋予一个世代或时代以意义”。转引自成伯清．代际差异、感受结构与社会变迁——从文化反哺说起［J］．河北学刊．2015（3）：96－100.

业转移人口在市民化意愿这一问题上，存在着怎样的差异。第二，基于前面的分析，个体的主观感受对其市民化意愿将会产生何种具体的影响。因此笔者试图提出并验证以下假设：

首先，从国家层面的总体感受来说，对于农业转移人口而言，农村生活意味着市民化进程的起点，如果对于农村生活存在较高的满意度或者期望，自然会降低其对于城市生活以及市民身份的意愿。但是，对于不同类型的群体而言，该假设可能存在差异，当前生活于农村的群体可能对于该情况的感知程度更高，因而可能对其市民化的意愿带来更大的影响。据此，本章提出假设 H3－1 及假设 H3－2：

假设 H3－1：对于农村现状的满意度或者未来的期望越低，其成为市民的意愿越高。

假设 H3－2：该满意程度和期望对于市民化意愿的影响存在群体性差异，身处农村的群体会受到更大的影响。

其次，身处城市中的农业转移人口在其日常生活中，将不可避免地接触到城市原有市民，这种社会交往的经历将会对其市民化意愿带来一定的影响。据此，本章提出假设 H3－3：

假设 H3－3：在与城市老市民交往的过程中，感觉到对方越友好的个体，具有越高的市民化意愿。

最后，尽管个体的很多客观性社会特征，并不是本章要讨论的范畴，但是从个体在个人层面的主观感知结构也会对其市民化意愿带来巨大的影响。基于此，本章预测，个体的主观生活满意度越高（对于生活状态的认同度越高），其改变当前生活状态的意愿越低，在不同类型的农业转移人口之上即表现为：对于已经获得市民身份的群体而言，现有生活的满意度越高，越愿意成为市民。而对于非市民群体而言，现有生活的满意度越高，越不愿意成为市民，由此得到两个假设：

假设 H3－4：相对于居村农民和进城农民工而言，失地农民当前的生活满意程度越高，其市民化意愿越高。

假设 H3－5：相对于居村农民而言，主要通过城市工作获得收入的进城农民工和失地农民，其对于现有收入的合理感越认同，则成为市民的意愿越高。

3.3.2 数据来源

本章的研究数据来源于国家重大项目——《有序推进农业转移人口市民化》的调查数据。[①] 研究对象为 16 岁以上的农业转移人口，调研共发放问卷 4000 份，回收 3721 份（有效回收率为 93%），其中进城农民工 1125 份、城郊失地农民 1100 份、居村农民 1496 份。地区涵盖了东部（上海、天津、江苏、浙江、广东）、中部（湖南）和西部（陕西、甘肃）的 10 个城市。

3.3.3 变量说明

本章所考察的因变量为市民化意愿。通过问卷中的问题：如果可能，您更愿意："做农民""做市民""无所谓"和"其他"加以测量，笔者将选择"市民"视为有市民化意愿，赋值为 1；其他视为无市民化意愿，赋值为 0。

本章的自变量主要分为以下几个层面的日常生活感受指标：（1）国家层面：被访者对于"政府针对农村及农民的相关政策"的满意程度，1 为不太满意、2 为比较不满意、3 为一般、4 为比较满意、5 为非常满意；（2）群体层面：城市老市民（非亲友）对被访者的交往友好程度，1 为很不友好、2 为不太友好、3 为一般、4 为比较友好、5 为很友好；（3）个体层面：3 ~ 1 为被访者的主观生活满意程度，最不满意为 1 分，最满意为 10 分，3 ~ 2 为被访者对于收入合理与否的认同程度，1 为非常不合理、2 为不太合理、3 为一般、4 为比较合理、5 为非常合理。

此外，本章还控制了以下常见的变量以增强研究的准确性：性别、年龄、政治面貌、婚姻状况、文化程度、被访者月收入及家庭年收入、自我社会地位认定、城市类别等。

---

① 如无特殊说明，本章用于分析的数据来源于华东师范大学文军教授主持的国家社科基金重大项目：《有序推进农业转移人口市民化研究》（13 & ZD043），特此致谢，具体问卷内容详见附录一。

3.4 研究发现

3.4.1 描述性分析

表 3 - 1 简要描述了调查样本的基本情况，本章主要涉及的三个农业转移人口类型包括居村农民、进城农民工以及已经获得非农户口的失地农民。占比分别为 40%、30% 和 30% 左右。此外还发现，样本总体的市民化意愿均值为 0.30，与既往研究的比例非常接近。从群体的内部构成来看，女性比例为 47%，居住于上海、深圳等一线城市的调查对象为 34% 左右，平均年龄较为年轻，为 21 岁，其中党员的比例接近 16%，平均受教育程度介于初中和高中之间，个人月收入平均为 2965.06 元，家庭年收入平均为 72392.96 元。

在一些主观的日常生活感受的指标中，对于政府农村政策的满意度平均值为 3.16 分（满分为 5 分）；对于老市民的交往友好程度的感受为 3.63 分（满分为 5 分），属于一般偏比较友好的程度；自我主观社会地位认定和生活满意程度分别为 4.50 分和 5.60 分（满分为 10 分），这也在一定程度上验证了既往研究，自我社会等级认定偏中下的经验；在自我收入合理程度的感受中，平均得分为 2.95 分（满分为 5 分），属于略低于“一般”的合理程度，可见这种认同程度并不是很高。

表 3 - 1 调查样本基本情况描述（N = 3721）

农业转移人口类型		频次	比例
群体类型	1 为居村农民	1496	40.20%
	2 为进城农民工	1125	30.23%
	3 为失地农民（已转为非农户口）	1100	29.56%

续表

变量	定义及测量	均值	标准差
市民化意愿	如果可能，您更愿意："做农民""做市民""无所谓"和"其他"，笔者将选择"市民"视为有市民化意愿，赋值为1，其他视为无市民化意愿，赋值为0	0.30	0.46
性别	男性为1，女性为0	0.47	0.50
城市类型	被访者所在地是否为一线城市，其中上海、深圳为一线城市，赋值为0；其他为非一线城市，赋值为1	0.66	0.47
年龄	单位：周岁	21.33	13.99
政治面貌	党员为0，其他为1	0.84	0.36
婚姻状况	已婚和再婚为0，未婚、离异和丧偶为1	0.15	0.36
文化程度	小学及以下为1，初中为2，高中为3，大专为4，大学本科及以上为5	2.40	1.14
个人月收入	单位：元	2965.06	6092.66
家庭年收入	单位：元	72392.96	85437.48
政府农村政策的满意度	满意度从低到高（1~5）	3.16	0.94
主观社会地位等级认定	最低为1层，最高为10层	4.50	1.96
老市民交往友好程度	友好程度从低到高（1~5）	3.63	0.79
主观生活满意程度	最低为1分，最高为10分	5.60	1.91
主观收入合理程度	合理程度从低到高（1~5）	2.95	0.81

3.4.2 回归模型分析

由于本章的分析对象——农业转移人口的市民化意愿为二分变量，因此采用 Binary Logistic 回归模型来分析，其估计模型如下：

$$\widehat{P} = \frac{\exp(b_0 + b_1X_1 + b_2X_2 + \cdots + b_iX_i)}{1 + \exp(b_0 + b_1X_1 + b_2X_2 + \cdots + b_iX_i)} \tag{3-1}$$

其中，$\widehat{P}$表示存在明确的市民化意愿的概率，X_1，X_2，…，X_i则表示相关控制变量以及核心解释变量，回归系数表示b_i在控制其他变量的情况下，X_i每改变一个单位，个体表现出明确的市民化意愿的概率将会平均改变$e^{(b_i)}$倍。总体上的回归分析详见表 3－2。

表 3－2　控制变量、群体类型与市民化意愿的交互效应分析

常数项/变量	模型 1	模型 2
性别（女性为参照）		
男性	－0.0383 (0.0795)	－0.0377 (0.0800)
年龄（平方/100）	0.00586* (0.00334)	0.00510 (0.00343)
政治面貌（党员为参照）		
非党员	－0.101 (0.123)	－0.108 (0.124)
婚姻状况（以已婚未参照）		
未婚	0.339*** (0.110)	0.286*** (0.111)
教育程度（以小学及以下为参照）		
初中	－0.239** (0.108)	－0.204* (0.109)
高中（中专或技校）	－0.578*** (0.133)	－0.560*** (0.134)

续表

常数项/变量	模型 1	模型 2
大专	-0.671*** (0.182)	-0.670*** (0.185)
大学本科及以上	-0.368* (0.206)	-0.374* (0.208)
个人月收入	-0.186*** (0.0628)	-0.246*** (0.0644)
家庭年收入	-0.133** (0.0607)	-0.132** (0.0613)
城市级别（以一线城市为参照）		
非一线城市	-0.789*** (0.0911)	-0.640*** (0.0944)
群体类型（以居村农民为参照）		
进城农民工		0.489*** (0.103)
失地农民		0.585*** (0.104)
常数项	2.763*** (0.582)	2.788*** (0.585)
Pseudo R^2	0.0410	0.0503
样本量	3263	3263

注：***，**，* 分别表示在 1%、5% 和 10% 水平下显著，括号内为标准误。

从表 3-2 中的模型 1 可以看出，在诸多的控制变量中，性别、年龄以及政治成分，对于整体的市民化意愿的影响并不显著（$p > 0.1$）。在显著的条件中，婚姻状况影响明显，对于已婚者而言，未婚者更倾向于成为市民，概率大约为前者的 1.40（$= e^{0.339}$）倍，所处城市的类型也影响显著，从总体上看，一线城市的被访者成为市民的意愿是非一线城市的 2.20（$= e^{0.789}$）倍。从收入来看，总体上个体和家庭的收入越高，被访者的市民化意愿越低，而被访者的教育程度也在一定程度上表现出了相关性，总体上，相对于受教育程度为小学及以下的被访者而言，其他受教育程度的被访者的市民化意愿均较低，其中最明显的是大专学历的被访者，其市民化意愿为前者的 51% （ $=e^{-0.671}$ ）。模型 2 在控制了一些基本变量的情况下，进一步验证三种不同类型的群体之间，是否存在市民化意愿的差异。结果显示，进城农民工和失地农民的市民化意愿均高于居村农民，且分别为后者的 1.63 （ $=e^{0.489}$ ） 倍和 1.79 （ $=e^{0.585}$ ） 倍。由此验证了笔者的设想——不同群体的类型之间存在市民化意愿的差异，因此有必要做进一步的分析和验证。

为了进一步分析不同变量在三种不同类型的农业转移人口之间的作用，本章试图通过表 3 - 3 中的相关模型加以分析。表 3 - 3 分别在控制了基本变量的基础上，依次在模型中加入日常生活体验的 4 个自变量，以验证前面所提到的具体假设。从总体上来看，不同类型的农业转移人口的日常生活体验以及对于其市民化意愿的影响均存在较大差异。

通过比较表 3 - 3 中模型 1 - 1、模型 2 - 1 和模型 3 - 1 可以看出，对于国家的农村政策的满意程度越高，其成为市民的意愿就越低（系数为负），同时，这种相关性也只在居村农民身上得到了体现，满意程度每提升一级，其愿意成为市民的概率就降低 16.8% （ $=1-e^{-0.185}$ ）。本章的假设 H3 - 1 以及假设 H3 - 2 得到了验证。模型 1 - 2、模型 2 - 2、模型 3 - 2 则验证了假设 H3 - 3，从总体上来看，在与老市民的交往过程中，感受到对方的友好程度越高，农业转移人口的市民化意愿越高，而居村农民、进城农民工和失地农民感受的友好程度每提升一分，其市民化意愿则分别提升了 46% （ $=e^{0.380}-1$ ）、24% （ $=e^{0.218}-1$ ）、18% （ $=e^{0.165}-1$ ）。同时还可以发现，这种增强的趋势随着类型的变化存在着一种递减的趋势，且其显著性也在减弱。模型 1 - 3、模型 2 - 3、模型 3 - 3 验证了假设 H3 - 4，相对于居村农民和进城农民工而言，已经获得市民身份的失地农民的生活满意度与市民化意愿存在显著的正相关关系（ $p<0.01$ ），且满意程度每提升一级，其市民化意愿能够得到 22% （ $=e^{0.200}-1$ ） 的提升。模型 1 - 4、模型 2 - 4、模型 3 - 4 则进一步验证了假设 H3 - 5，相对于居村农民而言，主要通过城市工作获得收入的进城农民工和失地农民，对于主观收入合理程度的认同与市民化意愿同样表现出了一定的正相关关系（前者 $p<0.05$ ，

后者 $p<0.01$），且认同感每提升一个等级，其表现出肯定的市民化意愿的概率能够分别提升 26%（$=e^{0.231}-1$）和 28%（$=e^{0.250}-1$）。

表 3－3　日常生活感受与市民化意愿的交互效应分析（基于群体类型）

	变量	模型 1－1	模型 1－2	模型 1－3	模型 1－4
1. 居村农民	农村政策满意程度（1～5）	－0.185*** （0.0694）			
	老市民交往友好程度（1～5）		0.380*** （0.0922）		
	主观生活满意程度（1～10）			0.0227 （0.0365）	
	主观收入合理程度（1～5）				－0.0917 （0.0965）
	是否控制变量	是	是	是	是
	Pseudo R^2	0.0796	0.0851	0.0609	0.0739
	样本量	1309	1311	1175	1304
	变量	模型 2－1	模型 2－2	模型 2－3	模型 2－4
2. 进城农民工	农村政策满意程度（1～5）	－0.00182 （0.0851）			
	老市民交往友好程度（1～5）		0.218** （0.0936）		
	主观生活满意程度（1～10）			0.0959** （0.0425）	
	主观收入合理程度（1～5）				0.231** （0.0992）
	是否控制变量	是	是	是	是
	Pseudo R^2	0.0357	0.0351	0.0363	0.0369
	样本量	952	987	951	963

续表

	变量	模型 1 - 1	模型 1 - 2	模型 1 - 3	模型 1 - 4
	变量	模型 3 - 1	模型 3 - 2	模型 3 - 3	模型 3 - 4
3. 失地农民	农村政策满意程度（1 ~ 5）	-0.0499 (0.0809)			
	老市民交往友好程度（1 ~ 5）		0.165* (0.0919)		
	主观生活满意程度（1 ~ 5）			0.200*** (0.0429)	
	主观收入合理程度（1 ~ 5）				0.250*** (0.0910)
	是否控制变量	是	是	是	是
	Pseudo R^2	0.0315	0.0341	0.0496	0.0363
	样本量	949	963	933	961

注：***，**，* 分别表示在 1%、5% 和 10% 水平下显著，括号内为标准误。

3.5 总结与启示

现阶段我国的城市化进程方兴未艾的同时也面临着市民化意愿偏低的反常现象，这种反常其实体现在两个层面：一是尚未完成市民化进程的群体对于市民化可能带来的生活改变存在戒备心理；二是已经获得市民身份的群体对于现有生活的满意度偏低。该现象的存在，在某种程度上说明了当前的城市化框架下，对于农民主观感受的保护还有待强化。而这种强化离不开两个层面的努力：一是尽可能提升已经市民化的农业转移人口的城市生活满意程度；二是尽可能为尚未实现市民化目标的群体，提供更加恰当的市民化条件。

为了更好地探求上述两个层面问题的答案，本章基于一项全国范围内针对的农业转移人口市民化问题的调查数据，通过分析不同类型的农业转移人口主观感受层面的市民化意愿，结果显示：第一，对于农业政策的满意程度会降低居村农民的市民化意愿；第二，相对于非一线城市，身处一线城市的农业转移人口的市民化意愿明显较高，而与城市居民相处的友好程度同样能够有效地提升市民化意愿。第三，对生活现状满意度越高的群体则越不愿意改变其当前身份。具体表现就是已经获得市民身份的群体的生活满意程度能够显著提升其市民化意愿，而对已经通过城市生产和生活方式获取收入的进城农民工和失地农民而言，其对收入合理程度的认同也有助于提升市民化意愿。

透过本章的研究可以发现，农业转移人口的市民化意愿的强弱，凸显了主观的情感诉求在当代已经成为愈加重要的一种社会安定的影响因素。基于此，本章的研究发现还可以为我国后续市民化工作的推进提供以下思路：第一，从城市化发展的历史进程来看，无论速度和广度如何，都会有一部分民众暂时甚至长期生活在农村之中，因而国家在通过城市物质生活的发展从而吸引其进行市民化的同时，有必要在现行的“多取少予”的总体框架下，进一步加大“工业反哺农业”“国家惠农政策”等一系列重大战略方针（李强等，2015），在农业、农村、农民方面的政策扶持力度，切实避免“进不了的城，留不下的村”的情形，从而实现“进城的农民开心，留下来做农民也幸福”的双赢局面；第二，通过所处城市等级的比较研究中可以看到，身处一线城市的农业转移群体有明显高于非一线城市的市民化意愿，这说明了一线城市在城市建设、社会服务体系、就业机会等领域依旧有着强大的吸引力，传统的“异地城镇化”模式依旧具有旺盛的生命力，这也为当前的“就地城镇化”战略提出了反思，要求我们今后有必要进一步构建起合理的城市等级体系，构建起更加合理城镇的布局和均衡的区域发展，才能真正把农民留在本地；第三，对于已经实现或者正在实现市民化的群体而言，城市生活不可避免地要历经一个“身处城市居民包围之中”的阶段，那么如何引导城市居民用更加友好的姿态去接纳农业转移人口，从而消除新市民的城市融入问题，去实现一种开放而包容的城市化，也是未来城市化工作的一个重要方向；第四，在农业转移人口个体感受层面中，对现有生活的满意程度（包括对收入是否合理的认同程度）正是习近平总书记指示的“要不断增强的获得感、幸福感、安全感”的一种体现。这种主观感受有助于提升其市民化意愿，而且在已经走上了市民化进程的进城农民工和失地农民身上体现得尤为明显，因而有必要在各种社会服务上，尤其是需要进一步打破劳动力市场歧视，避免农业转移人口遭受收入层面的不公正待遇，从而提升其市民化意愿以及城市生活的满意程度。

第 4 章

“过渡性市民化空间”

——一个概念的理论建构

一直以来，作为市民化路径中从农村到城市的中间空间形态，以“城中村”、城乡接合部等为代表的各种类型过渡性市民化空间都没有受到足够的学术关注。因此，本章试图从日常生活市民化的角度入手，通过建构“过渡性市民化空间”概念以及探讨其对市民化进程的理论价值与现实意义，以期对当前新型城镇化战略的推进提供学术思考。

4.1

问题的提出

在中国城镇化的历史进程中，中国社会形态发生了由传统的“乡土中国”到现代的“城市（镇）中国”的巨大变迁（王小章，2015），因此，城镇化及其相关问题也成为“当代中国社会学的重要研究主题”（郑杭生，2005）。社会学等相关学科对于该问题的理解可以分为两个方面：国家层面的城镇化和个体层面的市民化。从前者的角度来看，城镇化主要意味着农业人口的转移和城市面积的扩张等。在这一点上，中国已经取得了举世瞩目的成就，根据历年《国家经济和社会发展统计公报》及第五、第六次全国人口普查相关数据显示，中国的城镇人口从 2000 年的 4.56 亿人增加到 2014 年的 7.49 亿人（人口比重从 36.1% 增加到 54.8%），其中城镇户籍人口从2010年的4.44亿人增加到2014年的4.96亿人（人口比重从33.2%增加到36.3%）。历年的《中国城市统计年鉴》相关数据也说明，全国地级以上城市的市辖区面积从2000年的38.57万平方公里增加至2013年的64.81万平方公里，其中城市的建成面积从2000年的1.49万平方公里增加至2013年的3.56万平方公里。

而对于社会个体而言，城镇化则更多地体现为一种市民化的进程。具体表现为农民等群体的“身份与职业”“角色与思想”“生活方式”与“行为模式”等方面向现代市民的转变；社会保障和公共服务的平等享有以及政治参与和利益代表的合法保障等。在具体研究中，不断有学者意识到这一进程不能简单地理解为从农民到市民的起点和终点，而是蕴含了长期性和过程性。如果片面重视国家层面的城市化人口率、城市建设数量和面积的数字增长，而忽视了身处市民化进程中的个体日常生活层面，包括社会关系网络从乡土到城市、市民化模式从个人到家庭、社会价值观念从传统到现代等全方位转变，则有可能导致“半城市化”（王春光，2006）、“虚城市化”（王文龙，2014）、“逆城市化”（陈丰，2007）等问题，因此，对于个体而言，日常生活的全面市民化才能真正体现其本质。国家新型城镇化战略中对于“人”的强调，正是对此的一种回应。

而日常生活的市民化则意味着市民化过程的长期性和复杂性。因此，在现有的城乡二元空间结构中，一个合适的过渡性空间来承载这一过程就显得尤为重要。尤其是在户籍制度改革没有取得普及的情况下，大量的城市新增人口（流动人口）的市民化进程只能依靠集体宿舍、“城中村”（含城郊村）与群租型的普通商品房等方式来满足最基本的住房需求，例如，相关调研发现，珠三角地区50%的流动人口居住在企业提供的员工集体宿舍，剩下40%多的流动人口居住在“城中村”或城郊村（范剑勇等，2015）。因此，以“城中村”、城乡接合部（城市边缘区）等为代表的过渡性市民化空间就成为容纳其市民化过程的长期性和过程性的现实空间，以及研究当前中国市民化进程的一个最佳场域。而居于期间的各个群体以及基于市民化的日常生活交往活动也就成为当前研究市民化必须予以关注的主题。

4.2 “过渡性市民化空间”的研究评述

作为人文社会科学的一个重要关注点，各个学科都将“过渡性市民化空间”作为自己的一个重要研究旨趣。因此，对于处于农村到城市之间的各种形态的过渡性质的空间，在不同的学科研究领域中就被赋予了各种名称。例如，当前在不同学科内有诸多称谓：“城市边缘区”“城乡边缘区”“乡村——城市边缘带”“城市边缘带”“转型区”“城乡交错带”“城乡过渡带”“城郊社区”“城乡接合部”或“城乡接合部社区”“转制社区”以及“转型社区”等（黄锐、文军，2012）。

而随着市民化研究的深入，很多学者已经开始意识到过渡性空间对于市民化进程的推动作用，并对之展开了实证研究。这之中既有将其归纳为原住民与外来务工人员共同实现市民化的第一场所（刘杰，2013），从总体上把握过渡性社区在城市化进程中的功能定位（狄雷、刘能，2013），以及对城乡接合部等特殊样态的社区进行分析，将其视为一种特殊的“地域社会”的研究（田毅鹏、齐苗苗，2014）。也有基于现实的具体形态过渡性社区的实证研究，这其中广受关注的包括北京市内“浙江村”和广州市内的“城中村”这两类典型过渡性市民化社区。首先，学术界通过对前者——北京市内“浙江村”的长期研究，开始了对农民市民化过程中所处空间所存在的过渡性和不稳定性的探索，意识到城市的边缘空间有助于实现农民工的城市渐趋融入，并有可能作为生活空间而不断地自我生成与膨胀，进而成为一种新的、长期存在的生活状态（王汉生等，1997；李琼英，2013；项飚，1996）。而对于后者——广州市内“城中村”的研究，则是将其作为特定的市民化社区，重点围绕其空间生产逻辑（吴廷烨等，2013），以及身处其中的不同人群的异质性特征而展开（蓝宇蕴，2005）。在这些研究的基础上，学者开始将问题聚焦于城乡接合部之中，更为细微的市民化进程中日常生活的主体性空间实践，从而揭示了外来人口市民化日常生活的微观世界（张霁雪，2014）。可以说，学术界近年来对过渡市民化空间的研究，极大地丰富了对市民化进程的理解层次，不但揭示了市民化过程的长期性、复杂性，同时也使诸如“城中村”、城乡接合部、临时安置点等过渡的市民化空间的重要性也得到了关注，这一切都使后续的深入研究成为可能。

但是，当前的研究也存在一些局限性：首先，由于不同学科以及具体研究领域关注点的差异，对于“过渡性市民化空间”的概念使用较为混乱，往往停留在不同研究领域“自说自话”的阶段，尚缺乏较为统一的分析框架和整体概念，由此也在一定程度上导致了对其的理论价值认识不够深入的问题。其次，对于“过渡性市民化空间”的空间与社区特质彰显不够充分，缺乏将其作为独立的空间样态的认识深度，也没有进一步揭示出其作为一种独特的地域社会，存在于从城市到乡村之间的连续性地域社会的空间谱系中所具有的特殊社区属性。最后，对于“过渡性市民化空间”的现实意义理解仍显不足。尽管当前很多研究已经发现其对农民工等群体的市民化所起到的推动作用，但是依然把它当作一个临时的、依附于城市（或农村）的空间来看待，没有充分意识到其作为一个独立的社会空间所蕴含的巨大现实意义，尤其在体现不同群体在市民化过程中所具有的主观能动性和个体差异性上的研究深度较为不足。

因此，本章致力于在学术界已有研究的基础之上，从空间属性等层面来重新建构“过渡性市民化空间”的概念，从而分析其理论价值，同时通过对现实的考察，充分挖掘其对市民化进程的巨大现实意义，从而为正确理解与科学促进当前我国市民化进程、巩固市民化成果以及应对市民化过程中出现的各种问题提供思考。

4.3

“过渡性市民化空间”的概念建构与理论价值

到底什么是“过渡性市民化空间”呢？本章认为其概念的理解可以通过市民化、过渡性以及空间等三个关键面向而展开。

第一，市民化。“过渡性市民化空间”的概念建构源于市民化这一主题贯穿了其空间内部各群体的日常生活实践。首先，无论是主动的外来务工人员，还是被动的上海城郊动拆迁农民，其进入空间的缘由来自市民化（或者称为城市化）进程，甚至在很大程度上是以市民化作为实践的目的；其次，居住于该空间内部各群体的社会交往充满了市民化的色彩，甚至在其日常生活的过程中，实际上再生产了过渡性市民化社区这一独特的社区空间；最后，过渡性市民化社区对其居住者的未来市民化进程产生了重大影响，这在某种形式上实现了其空间过渡性形态的转换。

第二，过渡性。“过渡性市民化空间”作为一种过渡性的非长期的社会空间，具有居住人口密度高、异质性强、流动性大等特征。身处其间的群体选择进入的往往是因为居住价格的低廉，而这些空间内部几乎都存在大量违章建筑、房屋容积率高、居住环境拥挤、基础设施配套不完全和安全隐患等问题，因此进城务工人员往往将其视为自身市民化进程的“中点”而非“终点”。同时，空间内部聚居的群体在社会地位中属于下层，在市民化进程中也处于相对较低的过渡性阶段。

第三，空间性。空间可以被视为一种“结构”，当事物组合成为一种结构，能够产生某种功能时，即构成“空间”（许伟、罗玮，2014）。从这个意义上说，“过渡性市民化空间”，正是这样一个由地理社区及其内部群体共同构成的，以“市民化”为目的或功能指向的一种“空间”。它为空间内的各行动主体提供了市民化的可能，为其展示生活政治的多样化和丰富性提供了基础。同时，在这个空间之中，个体通过市民化的“个体空间”（丁月牙，2014）实践和外部空间之间进行资源和价值的交换，从而获得本土社会的价值认可——即市民化过程的完成。

通过前述分析，我们可以将“过渡性市民化空间”定义为：处于城市—乡村的二元社会空间谱系之间，由身处其间的各种差异化群体进行的以市民化为主要导向的一种空间互动关系所建构的地理与实践的双重意义上的空间。

应该认识到，这样一个统一的“过渡性市民化空间”概念的提出，其核心理论价值在于突破对市民化研究的城乡二元分析路径。当前，对于市民化的研究往往集中于对乡村到城市的二元研究，“过渡性市民化空间”这一节点的加入，实现了从点到线的贯通，完善了现有的市民化研究路径，在空间研究上补足了市民化连续空间谱系中所缺少的一环。

在此基础之上，则有助于加深对“过渡性市民化空间”这一区别于城市和乡村的、独特的地域社会的理解，更加深刻地认识到市民化（尤其是日常生活层面）过程的长期性和复杂性，从而跳出当前对国家层面的城镇化的片面强调，从市民化个体的日常生活视角来探求其市民化的真实图景。

4.4

“过渡性市民化空间”的现实意义

如果说，“过渡性市民化空间”概念的提出，仅仅是从理论上加深了当前对中国市民化的认识的话，那么在现实世界之中，它对中国市民化过程的现实推进也早已产生了巨大的影响。

（1）国家层面的市民化进程。

从空间特性来看，“过渡性市民化空间”的特性包括：位置便利性、功能多样性、交往丰富性以及目的明确性等，这些特性使“过渡性市民化空间”相对于城市和乡村而言，具备明显的空间优势，能够有效地克服上述两种空间所存在的一些先天不足，从而有助于从整体上推进中国的市民化进程。

首先，位置的便利性有助于缓解“空间失配”（Spatial Mismatch Hypothesis）。“空间失配”的概念最早出现于1968年美国学者John Kain的《住宅隔离、黑人就业和大都市分散》一文中，其具体表现为底层群体的工作岗位的郊区化以及居住隔离等（周江，2004）。最应当说的是，“空间失配”的研究专注的正是居住于城市空间的底层群体的就业不足问题及其相关影响之上，宏观一点则是个体对于空间的显示需求和空间能够提供的东西之间存在较大差距。而在“过渡性市民化空间”之中，位置的便利性所带来先天存在的城市资源的可接近性，使其在日常生活和工作的便利使这种情况得到了极大的缓解。

其次，功能多样性避免了城市的“结构功能的空间分化”现象。城市领域的研究者普遍认为，相对于农村社区那种功能“大而全”的空间特性，城市社区存在一种“功能结构的空间分化”，对个人与家庭不同功能需求的满足是由不同的空间来承担的（桂勇，2005）。但是由于“过渡性市民化空间”的独特的空间特性，使之能够提供较为丰富的社区功能，如居住、休闲、工作、经济合作、利益分配、社会交往等，从而避免由城市社区所特有的功能满足能力分化所导致的市民化困境等。

再次，交往的丰富性能够打破进城人员的“自愿性隔离”（潘泽，2005）与城市居民的“集体自私”（文军，2012），并且增加社区的社会资本。当前居住于“过渡性市民化空间”的群体主要有外出农民工、进城务工人员、村改居等失地农民、农村大学生群体、其他多种原因进城的人口（林聚任、马光川，2015）。上述群体往往由于自身资源的限制，为了共同的文化和心理需要，主动降低对城市的价值认同感，自愿结成区隔与城市的社群网络，这种“自愿性隔离”在实质上加深了外来人员与城市的距离，阻碍其真正融入城市生活（郭星华、杨杰丽，2005）。而“集体自私”则体现为城市居民对于外来人口等的一种心理排斥，其影响和后果甚至比制度排斥更厉害，对新市民群体的城市融入可能障碍更大，影响可能更为持久。而“过渡性市民化空间”为这些差异化群体提供了充足的日常生活交往机会，从而打破这些弊端。同时，由于“过渡性市民化空间”内部群体在权力、财富以及教育水平等方面存在较大的差异性——即异质性较强，按照“异质互补”的观点，该群体的社会资本会增加，因而拥有更为高效的组织运作能力（李洁瑾等，2007），也能够在一定程度上增进社区资本。

最后，目的明确性提供统一的生活目标。前面已经提及，无论进入“过渡性市民化空间”的群体是主动还是被动，市民化都成为其身居其中的一个重要生活议题。因此，通过提供市民化这一共同目标，使生活于其中的各个族群在由乡村进入城市之后，不至于进入滕尼斯在其《通体社会与联组社会中》所描述的城乡生活类型差异所存在的鸿沟，[①] 这有助于从整体上维持社会的稳定。

---

① 早在 1887 年，德国学者滕尼斯（Toennies）在其《通体社会与联组社会》一书中，就对两种相对不同的人类生活类型做了描述。按照滕尼斯的说法，乡村中有着实质上一致的目标，人们为了共同的利益而共同劳动，家庭和邻居为其纽带；而城市生活的特点是分崩离析、肆无忌惮的个人主义和自私自利，甚至相互敌对。

（2）个体层面的市民化进程。

从个体层面的市民化进程来看，“过渡性市民化空间”在日常生活方面的优势能够对其起到较为正面的推动作用。正如前所述，对于个体而言，市民化的过程其实是一种个体与外界的空间实践，在具体的实践过程中，个体转化的是自身所具备的人力资本、社会资源等，获得的是外界空间的社会认同——即市民化的达成，而其在日常生活层面则具体体现为家庭、生活方式以及未来的选择，而这些现实的需求都能够通过“过渡性市民化空间”所营造的日常生活场域得以达成。

首先，“过渡性市民化空间”能够提供完整的家庭生活机会，而家庭层面的市民化才是市民化的最终目的。诸多研究表明，家庭的因素已经成为当前影响市民化的整体决策的重要因素，尤其是家庭生命周期以及相对剥夺感对个体的城乡迁移影响巨大（张世勇，2014；盛亦男，2014）。而通过在“过渡性市民化空间”内营造的完整的家庭生活机会，最大限度地满足赡养老人与抚育子女等家庭基本功能，从而缓解外来人口对“家”和“乡土情结”的眷念，避免由于流动而导致的家庭生活“破裂”状态，为家族成员之间相互提供生活保障。同时，即使对于那些不能实现整家迁移的家庭而言，“过渡性市民化空间”也能够提供一个更好的进入机会，从而为后续的迁移提供契机。

其次，促使生活方式和价值观念的转变。城市的生活方式指的是闲暇生活丰富而复杂，职业生活节奏快而竞争强，日常行为精致而规范，人际交往表面而异质，个人生活个别而自主，这些都是市民化的具体表现（郭星华、胡文嵩，2006）。而这些对于城市外来人口而言，都不是能够一蹴而就的。因此，通过“过渡性市民化空间”为彼此的“陌生人”提供这样一个相互接触的场所，在保持一定传统生活的同时，为其营造一个城市生活方式预演的空间，显然在当下具备积极意义。

最后，影响其后续的市民化进程。当前，对于大量的生存于“过渡性市民化空间”之内的非定居性移民而言，他们的城市化进程不是一个整齐划一、一蹴而就的过程，而是稳定性不同、就业特征不同的流动人口从进入城市开始逐步内化到城市的生产和生活当中，逐步完成城市化的过程（侯慧丽、李春华，2013）。其生存方式不能被简单地视为其被动地受到城市社会排斥的结果，而是一种在城乡二元结构背景下的具有主体性选择的“生存策略”（田毅鹏、齐苗苗，2013）。因此，无论他们是否继续进行市民化的选择，其实都是一种这样“生存策略”的继续。而他们在“过渡性市民化空间”中所习得的一切关于城市生活的技能，都将对其后续的市民化进程产生重要影响。以“回流式”市民化为例，作为一群有自我意识和行动能力的主体的新生代农民工，在拥有了“过渡性市民化空间”的生活经历之后，或选择留居城市，或选择由大城市回流到户籍所在的中小城市，在打工积累的基础上转向自主创业或正规就业，从而实现市民化（潘华，2013），都是基于自身资源而进行的理性选择，这种理性选择正是市民化应有的题中之义。

4.5 总结与反思

首先，市民化是一个长期而复杂的过程，无论是国家层面的城市人口增长和面积的扩张，还是个体层面的身份、职业、价值观念与生活方式的转变。“过渡性市民化空间”的存在，能够在很大程度上缓解这一过程的剧烈程度，不但能提供更多、更缓和的市民化选择，也能够为身处市民化不同阶段的群体提供更好的支持。因此，对于“过渡性市民化空间”的理论分析研究和现实建设治理都有待进一步强化。

其次，“过渡性市民化空间”的形成，在很大程度上是城市自然发展和民众自主选择的一种结果，这之中体现了社会发展的自然规律和人民群众的智慧结晶，也不可避免地存在种种局限。一方面，需要充分关切身处市民化不同阶段的群体的真实需求，充分发挥普通群体中在市民化进程中的主观能动性；另一方面，更要完善对“过渡性市民化空间”的监管，在构建完整的市民化空间体系的认识高度上，强化对其社会治理的深度思考，从而为整个社会营造一个更为完善的市民化路径体系。

最后，“过渡性市民化空间”可以被视作一种区别于城市和乡村的、具备独特社区形态的“地域社会”。作为异质性社区，如何进一步加强不同群体之间的交往、拓展社区公共空间、促进居民的社团参与、提升居民邻里关系、增强社区凝聚力都是值得思考的问题。同时，作为外来人员聚居的社区，其在社会管理及服务领域中不可避免地存在“残缺性”和“非均衡性”（田毅鹏、齐苗苗，2014），因此，寻求一条超越当前政府制度下以城乡为区分的公共服务体系，能够真正提升这部分群体的市民化质量的道路，这也是当务之急。

第 5 章

“凤凰男”的社会认同研究[①]

“凤凰男”一词伴随着影视剧作品的热播流行起来，继而成为媒体关注的焦点及人们热议的话题。但其背后所隐藏的社会问题，至今还没有受到足够的重视。同为城市移民的“农民工”群体则因为各种原因受到了更为广泛的关注和研究，同时，学术界往往将城市移民所面临的社会问题归结为户籍制度等宏观问题，不可否认，我国城乡二元结构及相关制度为城市移民的新生活铸就了种种壁垒。但我们不难发现，即使是在制度上接纳了他们，给予他们城市户口、稳定的工作，享受城市居民的社会保障及福利，他们的城市融入仍然存在很大的问题。这些问题在“凤凰男”这一群体上得到了集中的体现。事实上，其在社会福利及社会保障等制度性、体制性的框架内，与城市居民并没有任何差别，甚至享受更好的待遇。但他们仍然与这座城市格格不入。“凤凰男”和“农民工”虽然有着明显的差异，但是在城市融入过程中，他们面临着同样的困境。“外地人”“乡下人”等代名词是一直贴在身上的标签。因此，本章将试图从“凤凰男”出发，对城市的外来知识型移民的研究进行更深入的探讨。

5.1 “凤凰男”的界定

“凤凰男”一词起源于网络论坛，并以惊人的速度渗入我们日常话语

① 本章由作者及华东师范大学城市发展研究院易臻真副教授共同完成。

体系之中。目前，学术界对这一群体关注较少，对这一群体的定义和界定也相对较为模糊。而盛行于网络中的“凤凰男”定义带有极强的文学色彩，以主观感性认识为主，缺乏客观理性的界定和划分。因此，笔者理应也必须对“凤凰男”这一群体做出较学术化的界定。

“凤凰男”，全称为“水晶凤凰精英男”。百度百科中对于“凤凰男”的定义是：集全家之力于一身，发愤读书十余年，终于成为“山窝里飞出的金凤凰”，从而为一个家族蜕变带来希望的男性。显然，百度百科对于“凤凰男”的定义有着过于浓厚的文学色彩。虽然目前人们对于“凤凰男”的讨论都集中在他们的婚姻家庭生活矛盾中，但是笔者认为“凤凰男”本身也是一个值得关注和研究的独立个体——他们生活中所遇到的困境不仅仅体现在婚姻家庭生活中。“凤凰”一词源自“草窝里飞出的金凤凰”这一俗语。在汉语中，“凤凰”原本与“龙”相对，主要是用于形容和代表女子。在“凤凰男”一词中强调了“男性”群体，而其“凤凰”也取其在草窝出生却地位转变之意。

城乡户籍制度及其捆绑的权利保障及福利，使我国社会表现出明显的城乡二元结构（张学东，2009）。“凤凰男”沿袭了“农民工”城乡流动的模式。不同之处在于，最终他们成为制度意义上的“市民”。他们的身份发生了实质性的改变，他们没有受到户籍制度及社会福利保障制度的限制，他们本应能在城市中“游刃有余”地生活。他们是“知识移民”，是来自我国最底层社会的精英。他们享受到了城市新移民的待遇，却仍然要面对边缘化（marginalization）和污名化（stigmatization）的生活（文军，2012）。就目前上海的“凤凰男”群体构成而言，他们中以来自农村地区为主，还有相当一部分是来自其他中小城镇或城市的低收入家庭。此外，上海这座迅速膨胀的城市本身也打造出了不少“本地凤凰”。

综上所述，在经验研究层面上，笔者认为“凤凰男”群体实际上是指这样一群男性：他们的原家庭属于其出生地的低收入贫困家庭，他们是一群通过接受高等教育，加之其自身不断的努力奋斗实现了其区域转移和代际间垂直向上流动，并在城市中从事以脑力劳动为主的稳定工作，已拥有固定的住所，且主观上具有永久定居城市的知识新移民群体。笔者之所以把“凤凰男”群体称为知识新移民群体，“知识”移民旨在与“劳动力移民”相应对，而所谓的“新”是相对于 20 世纪 80 年代以前从农村移居到城市的老移民而言的。与那些老移民相比，最大的区别是新移民完全可以根据自身的情况来决定自己什么时候迁移到什么地方，政府不再禁止他们的流动，他们拥有了更多的自由选择权（文军，2012）。

从社会学的角度来看，“凤凰男”这群知识移民对旧有制度的“解构”和新制度的“重构”起到了一定的先驱作用。其不仅打破了“户籍”这种长期以来制约中国社会流动的制度，而且还产生了积极的社会文化影响。他们在融入城市生活的过程中，同样产生了强大的辐射效应。可以说，正是“凤凰男”对城市生活的这种强烈向往，使我国人口管理体制面临着越来越多的考验，并正改变着我国城市的社会结构状况。与此同时，他们也向我们现有的社会提出了新的挑战：是否解决了制度上的接纳问题，就能实现城市生活的完全融入。

5.2 “凤凰男”的社会认同模型

20 世纪 80 年代前后学术话语的后现代转向使“认同”一词在社会学、政治学等领域内迅速崛起，并很快发展成为一种较为高调的声音。从建构主义角度来看，“认同”有着一股神奇的强大魔力。它虽然是建构的概念，但可以创造出实体。不同的认同会产生不同的共同体，以及不同的冲突。

“凤凰男”作为城市移民的一分子，其社会认同的情况是其社会适应乃至融入的重要衡量指标。目前，现有的研究大多是在理论建构方面，对于其不同维度的社会认同之间的关系的直接研究甚少。因此，本章将试图探究这一问题，即“凤凰男”的社会认同情况以及其社会认同中不同维度之间内在关系的结构。

（1）研究方法。

本章选取上海地区作为调研范围，最重要的原因是上海在改革开放后飞速发展，吸引着四面八方的人才，这里是“凤凰男”首选的奋斗地。1990 年 4 月，党中央、国务院正式批准开发开放浦东。随即，上海市政府制定了一系列开发浦东的政策和措施。同时，这也导致了上海市对高素质人才的需求量呈几何级数的速度增长。因此，本章将定性和定量研究的对象都限制为1990年后来沪工作的“凤凰男”，他们均具有本科及以上学历，年龄控制在22～50岁。其中深度访谈对象均选取来自农村的“凤凰男”。问卷中除了来自农村地区的“凤凰男”之外，还包括一部分来自上海市区低收入、低阶层家庭的“凤凰男”。

对本次研究中定性研究的对象，笔者根据婚姻状况、年龄以及来源地等进行分类，共计20名。其中，已婚12名，离异2名（其中1位已再婚），未婚6名。而已婚对象又分为与“凤凰女”结婚和与“孔雀女”结婚两类，分别为8名和6名（包括离异及再婚者）；根据年龄划分，22～30岁6名，30～40岁6名，40～50岁8名；根据来源地划分，其中上海5名，外地15名。除此以外，笔者还刻意区分了被访群体的职业类别，大体可以分为教育系统5名、事业单位7名、企业单位8名。此次研究的定量环节共发放问卷500份，回收问卷498份，其中有效问卷490份。其中，研究对象来沪工作（不包括其在上海读书阶段）平均6.72年；490名研究对象中具有大学本科学历的有343名，全日制硕士生112名，全日制博士生15名，在职硕士生18名，在职博士生2名。

“凤凰男”这一研究对象有其特殊性，他们属于隐藏人口（hidden population）之列。所谓隐藏人口是指群体规模较小，在总人口中所占比例较低，而且群体的规模与边界均不清楚；该群体成员常常因各种原因不情愿暴露自己的身份（Douglas，1997）。对于“凤凰男”这一群体的定量研究中，样本总量不详，很难找到一个合适的抽样框。据此，笔者在此次定量研究中采用了受访者推动抽样（RDS，Respondent－Driven Sampling）的方法来抽取“凤凰男”样本。这一抽样方法在传统的滚雪球抽样方法的基础上，结合了社会网络分析的理论和方法，使研究者可以根据样本来对总体特征做出合理的推论。这一抽样方式特别适用于研究规模和边界模糊的人群（赵延东、乔恩，2007）。因此，对于此次研究，使用受访者推动抽样方法非常适合，笔者也正是运用这一方法进行了此次研究中定量研究的抽样工作。具体抽样操作如下：笔者先选取十名“凤凰男”作为“种子”，对于他们的社会认同情况进行调查后，继而要求他们每人向笔者提供10名他们朋友中的“凤凰男”作为第二轮的定量研究对象，以此类推。考虑到并不是每一个“种子”都能完成找出 10 名的任务，有的则是多于 10 名，按照受访者推动抽样方法，多于 10 名的将在其中挑选 10 名进行研究。此次研究样本容量为 500 份，因此在第三轮就结束了抽样工作[①]。

（2）研究假设。

对于社会认同形成过程的研究还是有很多的，但对于社会认同横向多维度的具体研究还是相对较少。目前现有的文献中对于社会认同的分类中较具说服力的是将社会认同分为文化上的、政治上的及生物性的三个方面。笔者认为这一分类还不够细致，无法对群体的社会认同情况做全景观察。

亨廷顿（Samuel P. Huntington，2005）认为个人的多重身份包括“归属性的，地域性的，经济的，文化的，政治的，社会的以及国别的”。而笔者通过访谈发现“凤凰男”群体在城市融入问题上政治身份并没有起到关键性影响。因此笔者将“凤凰男”的社会认同分为五个维度来进行考量。笔者认为“凤凰男”的社会认同主要由群体认同、文化认同、地域认同、职业认同和社会地位认同五个部分组成，且均相互影响关联。

（3）研究结果。

此次研究中，笔者结合“凤凰男”的实际情况及特征将其社会认同分为群体认同、文化认同、地域认同、职业认同以及地位认同五个部分来测量及分析（详见图 5－1）。

图 5－1 “凤凰男”的社会认同假设

① 具体访谈提纲及调查问卷详见附录二及附录三。

第一，“凤凰男”的群体认同（group identification），是其对自己所属群体的自我认同情况。对此，笔者主要是从以下三个方面进行考察。首先，在既有研究中涉及群体认同讨论的多是强调“族”的概念，如身处欧美的波兰农民等，而对“群”的研究相对较少。同时，“族”“群”认同很难与其文化认同区分开，并有可能受到社会制度的限制。因此，在移民研究中，我们不难发现，移民可以不认同迁入地文化，却在群体上认同迁入地身份（唐斌，2002）。“凤凰男”与一般打工者不同，他们都已拥有了上海户口或是上海市引进人才 A 类居住证。笔者认为外地人—上海人的认同是反映“凤凰男”的群体认同的重要内容之一。其次，个体在知识层面以及情感体验上的差异性也影响着其对内群体的认同（Masaki，2003）。因此，“凤凰男”自身与其亲属的社会地位差异也是其群体身份认同的重要部分。最后，认同是求同存异同时发生的一个过程，看似矛盾的“求同”和“存异”却被整合在一起。在内群体中，认同追求的就是“求同”；而在外群体中时，认同的实质就变成了“求异”。亨廷顿也指出，“要有别人，人们才能给自己界定身份”（塞缪尔·亨廷顿，2005）。为了建立关于“我们”的“认同”，就必须寻找对立面，即建构“别人”或者说是“敌人”，从对“敌人”的想象中寻求“我们”自身的形象（李友梅等，2007）。在群体认同中，寻找“对立面”是相当重要的。在此次“凤凰男”的群体身份认同中，笔者认为“富二代”在一定程度上可谓是“凤凰男”的对立面。

第二，“凤凰男”的文化认同（culture identification），是其对于自己应采取哪种文化模式行事的选择情况。正如许多国际移民的相关研究所证实的那样，所有的移民在到达迁入地后，都面临着适应新生活的种种挑战。这些挑战包括语言、习俗、法律法规以及生活方式等方面。“凤凰男”来到城市打拼，他们也正经受着强烈的文化冲击。来源地的差异使这种冲击可大可小，却都实实在在地影响着“凤凰男”的“新生活”。大多数学者均认为，文化认同主要体现在服饰的穿戴、食物的选择、价值观的坚持，以及用来适应新文化和当地人的策略等方面（张文宏、雷开春，2009）。“凤凰男”来到大城市后，要被一整套新的文化标准来重新判定。正因为如此，他们也面临着除了工作压力以外更多、更大的压力。他们必须应对新的文化社会压力和标准，必须理解新的社会环境，决定是否要融入当地文化以及如何融合（Hazel & Shinobu，1991）。移民对迁入地文化的认同会影响其对新的社会环境的认知，从而规训他们的行为方式。而其文化认同的高低也正面反映了其对于移入地的融入意愿。在此次研究过程中，笔者选择以下三个变量来衡量“凤凰男”的文化认同情况：一是语言的学习情况；二是风俗的熟悉程度；三是风俗的遵循与否。

第三，“凤凰男”的地域认同（region identification），是其对自身目前所处地区的认同情况。地域认同经常被表达为人们对某个地方的感情，尤其指归属感。例如，在我国劳动力移民在城市—乡村归属感的矛盾性和模糊性的相关探讨（文军，2001），以及关于农民工的定居意愿、城市归属感、未来认同和社会认同等具体问题的相关分析更是络绎不绝（李强，2003）。此外，也有研究指出地域认同并不是单纯的地方归属感，它与族群认同紧密相连。例如，在美国路易斯安那州的法国人就更偏好于认同自己是路易斯安那州的法国人后裔（Cajun，1991）。在某种程度上，我们可以认为地域认同是对地区制度化过程的一种解释（Peter，1989）。近年来，伴随着城市劳动力的流动，尤其是回流，我们应该注意到移民们已经不再像我们所想象的那样盲目认同于大都市。因此，考察“凤凰男”的地域认同情况势在必行。目前在现有的地域认同研究中，多为国际移民的相关研究。在此次研究中采用了三种间接的测量指标，即子女期望、定居打算及购房意愿（张文宏、雷开春，2008）。

第四，“凤凰男”的职业认同（career identification），是其对自身目前所从事职业的认同情况。大量研究表明，移民对自己所从事职业的认同也因迁移而发生转变，这种职业认同的转换能更深入地反映职业决定长期迁移的动因（张文宏、雷开春，2008）。在这一点上，国内移民以及国际移民所表现出来相同的一致性。笔者认为，对于移民而言，无论其移出前是否从事工作，或是从事何种职业，对于其在移入地，真正下定决心要继续或是长期在此地工作生活下去的动力都是由对其职业的认同情况所决定。当移民在移入地无法施展拳脚时，他往往会选择离开；同样地，当移民在移入地发展如日中天时，他往往会选择继续在此地发展。据此，职业认同也是反映移民社会认同的重要指标。对于职业认同的量化处理，笔者认为主要应集中在以下几个方面：一是职业的经济获利情况；二是职业的实际工作情况；三是职业的人际关系情况；四是职业的其他相关情况。

第五，"凤凰男"的地位认同（socio - economic status identification，SES identification），是其对自身的社会经济地位所处哪一个阶层的认同情况。目前的社会分层研究都重点关注于客观的数据分析，但无论是马克思还是韦伯，这些社会分层研究的创始者都承认社会分层与个体的主观意愿有关。此次研究正是对"凤凰男"的社会经济地位的主观认同的测量。移民现象反映的是人们对改善其自身社会经济地位所做出的努力（张文宏、雷开春，2008）。在我国，城乡移民的社会地位也受到了学术界的关注，但重点仍然是集中在"农民工"群体身上。早在 2002 年，李强（2002）就提出了"底层精英"的概念，人们普遍认为城乡移民绝大多数都处于城市的社会底层。这与移民进城为了改变社会经济地位的初衷相悖。然而，"凤凰男"这一群体却能较好地满足移入城市并改变自己的社会经济地位的这一初衷。地位认同作为"凤凰男"的社会认同的重要组成部分，更能反映出他们移入的社会经济动因。

笔者对这五个认同变量重新赋值和整合，通过"归一分析法"最终演算出五项认同其各自所占比例，如表 5 - 1 所示。除了对"凤凰男"各项认同进行数据分析外，笔者还研究分析了五种认同各自与在沪工作年份、出生地、年龄、婚姻状况、学历以及收入六项基本情况之间的相关性，并最终形成了"凤凰男"社会认同的结构模型，如图 5 - 2 所示。

表 5 - 1　"凤凰男"五项认同的均值及百分比情况

	群体认同	文化认同	地域认同	职业认同	地位认同
平均值	11. 4245	9. 4272	11. 4286	10. 0554	7. 7878
标准误	0. 08834	0. 15860	0. 15312	0. 07798	0. 11023
百分比	22. 79%	18. 81%	22. 80%	20. 06%	15. 54%

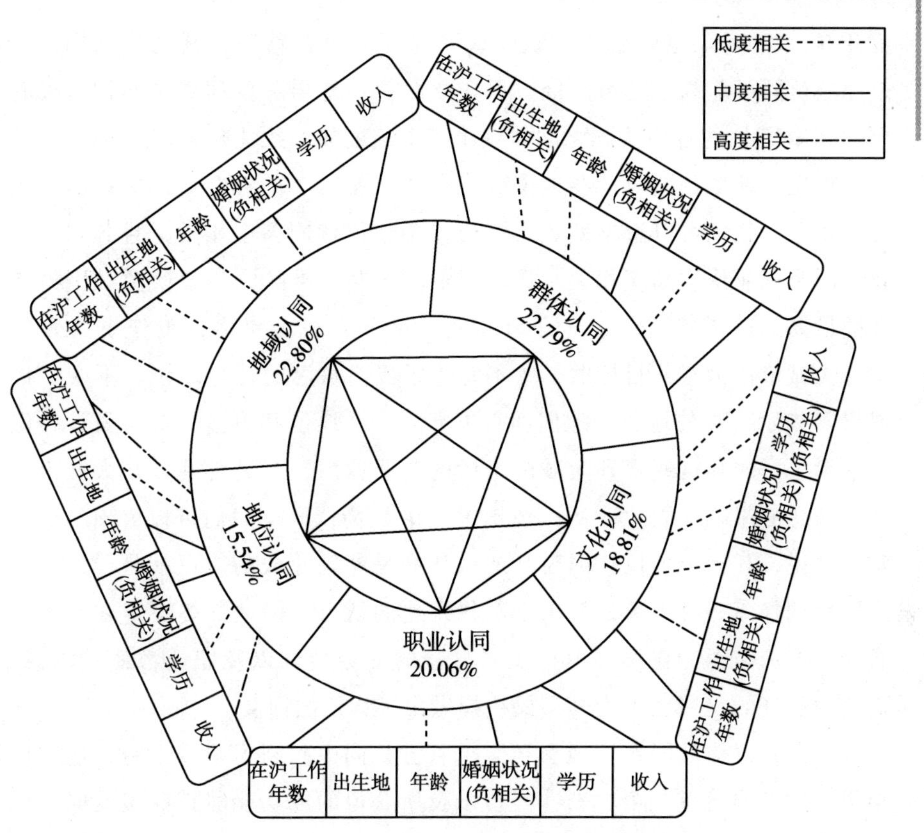

图 5-2 “凤凰男”社会认同的结构模型

5.3

结论与讨论

从“凤凰男”社会认同的结构模型图中，我们可以很明显地看出其五项认同相互关联，且各自均受到相关因素的影响。同时，笔者结合此次研究的定性材料进一步分析了“凤凰男”群体社会认同结构背后所隐藏的更深层面的社会问题。

(1) 结构模型图的分析及解释。

相关研究显示，城市新移民的“职业认同、文化认同和地域认同，地位认同、文化认同和群体认同之间存在着差异性认同的倾向”（张文宏、雷开春，2009）。也就是说，职业认同高的城市新移民，其文化认同，或是地域认同可能高，也可能低。但在此次“凤凰男”的研究中我们可以看出“凤凰男”的各项认同之间体现出了中高度的一致性倾向。

首先，地域认同与社会地位认同在“凤凰男”的社会认同中扮演着重要的角色。我们可以看出地域认同与社会地位认同高度相关，且各自与文化认同及职业认同高度相关。在访谈中，不少“凤凰男”就谈及“上海是我国最发达的城市之一，竞争环境更为公平，机会更多，工作更高效”。选择大城市作为奋斗目标时，并不是为了提高自己的社会地位。不少“凤凰男”表示，在外地时，他们拥有更高的社会地位和更多的社会资源，但是依然选择放弃这些来到大城市生活的主要原因，就是受到要在大城市生活的信念的影响。因此，从“凤凰男”的社会认同中我们可以看出，对于移民来说，其社会地位认同与其地域认同是相辅相成的。也就是说，移民之所以选择离开移出地，是出于对移入地的认可，但他最终决定在移入地长期发展，是因为在移入地移民对自身的社会地位以及职业都比较满意，而这一趋好的发展也正为其移民抉择做出了肯定的回复。

其次，群体认同在“凤凰男”的社会认同中起到了调节作用。当“凤凰男”对于自己的出身、奋斗经历以及所获得的成功能够正面接受时，他也对自己的职业以及社会地位更加满意和认可。“凤凰男”会更加珍惜目前自己所拥有的一切，同时对自己所处城市提供给自己的一切便利予以肯定。在访谈中，“凤凰男”表示来上海之前就对上海人的排外性格有了心理准备，但不少“凤凰男”都经历过或正经历着“排斥”。可同时，“凤凰男”纷纷肯定了上海这座城市的发展空间以及公正高效等优势。从而，“凤凰男”接受和努力融入这座城市的意愿就会加强，会尝试着学习这里的风俗习惯，按照这里的方式来为人处事等，进而他们加大了与移入地的原住民之间的交往。在此次研究中，57%的问卷调查对象表示来上海后，其最主要的交往群体为上海人。社会认同是由自我界定的，但又是自我与他人交往的产物。他人对一个人或一个群体的看法影响到该个人或群体的自我界定。当人们希望得到某种身份时，只有当他们受到已具有该种身份的人们欢迎时，这一愿望才算实现（塞缪尔·亨廷顿，2005）。同样，当“凤凰男”对于自己“上海人”身份接受度越高时，其文化认同以及地域认同也会更高。他们会更加愿意学习上海话，认同并遵循上海人的价值观，待人接物的方式也会受到上海风俗的影响。

最后，职业认同在“凤凰男”的社会认同中起到了促进作用。令人满意的职业往往为“凤凰男”带来不错的工资收入以及较好的福利待遇，并随之为其提供更好的发展空间，以及更高的社会声望及地位。作为移民，作为低收入贫困农村家庭的儿子，“凤凰男”初来乍到之时内心的自卑感可想而知。唯有在城市中追求到职业的成功，才能为“凤凰男”带来他人的尊重，也使其自身内心心理趋于平衡状态。换言之，职业认同承载着“凤凰男”的兴与衰。职业认同肩负着“凤凰男”的社会地位认同和群体身份认同，进而影响着其文化认同以及地域认同。

此外，从“凤凰男”社会认同的结构模型图中，我们可以看出影响“凤凰男”社会认同的主要因素是其来沪工作年数、出生地、年龄、婚姻状况、学历以及收入。第一，来沪工作年数。根据“推拉理论”（push and pull theory），正是上海更优越的工作机遇和生活环境、相对更为规范的规章制度，以及更少的向上流动的制约等这些有利的条件吸引着“凤凰男”选择在上海工作生活（李强，2003）。“凤凰男”在上海工作的年数越长，其对上海的文化风俗就越了解，融入这座城市的意愿也越强烈，因此，相对地，其地域认同、文化认同以及群体认同也会随之提高。第二，出生地。在“凤凰男”这一群体中，出生于上海还是外地对其群体认同、文化认同以及地域认同的影响，我们不难理解。“本地凤凰男”相较于“外地凤凰男”，对上海的文化模式更为了解和适应。但在此次调查中，笔者也发现，有一些“本地凤凰男”出生于上海的郊区，他们并不认同自己是“上海人”，因此，出生地与群体认同之间相关性较低。第三，年龄。处于不同年龄阶段的“凤凰男”，其肩负的责任也不同。当今社会，尤其是在上海这样的大都市，生活工作的压力颇大，无论是初入江湖的年轻人，还是久经沙场的中年人，都会遇到各自的工作和生活困境，因此年龄与职业满意度的相关度极低。第四，婚姻状况。已婚“凤凰男”的地域认同要远远高于未婚者，其群体认同、职业认同、社会地位认同也要比未婚者略高一些。已婚者考虑到家庭因素，其对自身职业的稳定性要求更高，同时自我社会水平流动的可能性大大减少。在中国的传统观念中，婚姻和房产是相互紧密关联的。因此，已婚“凤凰男”几乎都已在上海拥有了固定房产，有的还不止一套。在此次访谈中，不少已婚“凤凰男”就表示，在自己的生活中，女方家庭给予了极大的支持，包括买房、带孩子，有的甚至还解决了“凤凰男”家庭的种种困难等。第五，学历。此次研究发现，学历对“凤凰男”的社会认同影响并不显著，且学历与“凤凰男”的文化认同之间呈现低度负相关。尽管目前上海现行的户籍政策对学历有较高的要求，尽管学者的相关研究显示受教育程度对城市移民的城市融合有着显著的积极促进作用（张文宏、雷开春，2008），但从“凤凰男”这一群体中，我们可以发现，学历越高者，其文化认同程度越低。笔者认为这主要是因为学历高者，其见识也相对更广，对于一个问题的看法也更加系统透彻，他认为其自身在上海这座城市的地位并不一定要靠“趋同”来获得，其身份的彰显不受到其对上海文化接受度的影响。相应地，学历低者则更倾向于选择“趋同性”来尽早融入这座城市，因此其对上海文化的接受意愿更强。第六，收入。“凤凰男”的经济收入对于其社会认同的影响也是相对较为显著积极的。“凤凰男”之所以选择来上海发展，其考虑因素中就涉及其经济收入的多少。因此，收入的增加也势必带来其对自身所处社会地位的认知提升。

（2）不仅仅是制度性排斥。

通过此次对“凤凰男”社会认同结构的研究，笔者也对“凤凰男”这一群体展开了进一步的思考。“凤凰男”这一群体正印证了“制度性排斥”并不是对移民的终极障碍，更深层面的原因是城乡文化的巨大区隔以及城市偏向政策强大历史惯性。

既有研究显示，“制度性排斥”是导致农民工无法较好融入城市的罪魁祸首。不可否认，我国城乡二元结构下的户籍制度给不少城市新移民在城市的生活造成了种种壁垒。但是，反观“凤凰男”，我们不难发现，即使是在制度上接纳了他们，给予他们城市户口、稳定的工作，享受城市居民的社会保障及福利，他们的城市融入仍然存在着种种问题。

笔者认为“凤凰男”现象背后隐含的仍是传统—现代二元对立模式，“凤凰男”代表“传统”一极，城市社会与市民则代表“现代”一极。虽然两者并不是截然排斥、不可融合的，但是在行为表现、社会交往、心理感知方面，两者都存在明显的区隔。这种差异的实质就是文化上的差异，即乡村文化与城市文化的冲突。在赛林看来，文化环境铸造了社会的行为规范和个人的性格，不同文化环境中的人或群体相互接触时会产生文化上的不适应和冲突问题。他强调文化冲突的实质就是行为规范的冲突，这种行为规范的冲突不仅发生在不同文化系统或区域的规范的相互碰撞中，也发生在同一文化系统或区域内群体分化的过程中。从这个角度来说，受传统文化熏陶至深的“凤凰男”从乡村进入城市，会受到“异质文化”的冲击，面临文化上的冲突，甚至会产生“文化震惊”现象。这种文化冲突有很多表现形式，如“结合紧密、以家庭和社区为纽带的乡村文化，与更加注重个人奋斗、更加注重竞争的城市文化的冲突”“重视情谊的乡村文化，与讨价还价的市场经济理性文化的冲突”（宋林飞，2005）。同时，城市社会中匿名性与非人情化的社会关系、高节奏的生活方式、高水平的消费方式等特征使“凤凰男”需要时间去适应。面对城市主流文化的冲击，“凤凰男”群体形成了群体亚文化，这种亚文化是“凤凰男”的源文化的延续和重构，从而使“凤凰男”在陌生的情景中能找到熟悉的应对方式。理想的结果是这种亚文化能够合理地融入城市主流文化，而不是与后者相冲突，以至于成为一种边缘文化。文化上的冲突与调试伴随着“凤凰男”适应城市社会的整个过程。

利普顿（Michael Lipton）在 1977 年提出了“城市偏见（urban bias）”这一概念。他认为，乡村贫困根源于城市利益偏向。由于无视城市贫困和乡村富裕的存在，其观点招致一些批评。尽管如此，他为城乡剩余的流动提供了有益的思路。例如，在工业化过程中，非洲政府机构的主要角色是控制经济、刺激城市投资，但这往往损害了农业产出。城市偏见理论（urban bias theory）认为，在许多发展中国家，国家与农民的关系或城乡关系都是强制性的，或者说城市偏向的，与在发达的市场经济国家所发生的农业和农民受到保护的情况恰恰相反。由这种政策偏向导致的城乡收入差距，是发展中国家普遍存在的现象。

西方经济理论对发展过程中城市偏向政策形成的原因进行了大量分析，主要可以概括为两种范式：第一，从国家实行工业化战略的目标和途径出发来解释。形成城市偏向政策的手段通常是实行所谓的“剪刀差”政策；第二，认为农业之所以在发展过程中受到歧视，是因为城市阶层在政治上具有过大的影响力。这是因为农民因居住分散而导致的集体行动中过高的沟通成本，以及由于单个农民的产品只是农业产出的微小份额，因而造成“搭便车”现象（free - rider problem），从而缺乏政治力量（Mancur，1966）。科布里奇（Stuart Corbridge）指出，在城乡关系的辩论中，可以毫无疑问地看出“城市偏见”、公平和效率的恢复等助长了农村向城市的移民潮（Stuart & Gareth，2005）；还有国外学者指出，农业被其他非农产业压榨，农民渴望农业与家庭被重组，渴望性别、代际间的竞争，重新谈判的愿望在不断上涨。家庭经济和城乡相互作用的多样性导致了个人、家庭对农工业追求的转换，也使人们在城乡间迁移。农业被非农产业束缚着，工业依靠较多的是农业劳动力。

由此，笔者认为，城市偏见理论能很好地解释“凤凰男”被排斥的外力来源。上海原住民的这种普遍排斥情绪的形成正是源于我国城乡发展上的政策等制度性差异。从这一点出发，我们应该更深入地审视我们的城乡发展差异，而不应仅仅只是将问题归因于户籍制度层面的“制度性排斥”，而应更多地从历史发展的维度来探寻问题的根源。从“凤凰男”的身上，我们不难发现，正是这种城市偏向发展政策导致了城市居民对于移民，尤其是来自农村移民的一种普遍排斥的自私情绪。

第 6 章

新生代农民工的角色困境及其对策

随着新生代农民工群体的不断发展壮大，其体现出来的不同于其他社会群体的各种特征及其面临的困境，都越来越受到社会各界的重视。笔者认为，社会角色是分析其面临的社会困境的一个重要视角。通过 CGSS 2010 的相关数据分析可以发现，相对于老一辈农民工、城市居民以及农村留守群体，当前新生代农民工存在价值多元、保障缺乏以及认同矛盾三个方面角色差异。因此通过有效的角色建设应当成为解决其社会困境的有效手段。

6.1 研究背景与问题提出

“新生代农民工”的提法，最早来源于2010年1月31日，在国务院发布的2010年中央“一号文件”《关于加大统筹城乡发展力度进一步夯实农业农村发展基础的若干意见》中，要求采取有针对性的措施，着力解决新生代农民工问题。至此，新生代农民的概念开始正式走进大众的视野，其面临的相关社会问题也逐步受到各界的重视。

当前对于“新生代农民工”的定义比较复杂，暂时还没有统一的定义。正如李培林等人所言，对于农民工的代际划分，除了结构逻辑之外（指农民工在社会结构中所处的位置），必须考虑到其历史逻辑，即按照时间将农民工分为老一代农民工和新生代农民工（李培林、田丰，2011），具体的代际划分的标准主要有两个，即“年龄”和“初次外出打工的时间”，例如，《全国总工会关于新生代农民工问题的研究报告》中对新生代农民工的定义为出生于20世纪80年代以后，年龄在16岁以上，在异地以非农就业为主的农业户籍人口。而简新华、黄锟则以初次外出打工时间为标准，将20世纪80年代初次外出的农民工作为第一代，90年代初次外出的农民工作为第二代（黄丽云，2011）。笔者认为，“新生代农民工”则沿用了唐踔的界定，指的是“在20世纪80年代以后也就是改革开放以来出生、成长于农村，并且于90年代以后，进城务工的农业转移人口”（唐踔，2010）。

国家统计局公布的《2013年全国农民工监测调查报告》显示，1980年及以后出生的新生代农民工有12528万人，占农民工总量的46.6%，[①] 2015年，整个农民工群体的数目是2.77亿左右，其中30岁以下的新生代农民工为农民工总数的32.9%。[②] 因此，作为当前农民工（尤其是外出农民工）的主体之一，新生代农民工的发展诉求需要社会予以回应，解决好新生代农民工在现实工作和生活中所面临的困境既是关系到推进城乡二元体制改革的关键性问题，也是改善民生、遏制城乡差距扩大、促进社会和谐稳定的一个关键性的问题，具有十分重大的现实意义。

6.2 社会角色：一种新生代农民工困境的分析视角

新生代农民工在生存和发展过程中面临的各种困境和社会问题，引起了各界的广泛关注，当前针对新生代农民工所面临的各种具体问题的研究已经非常丰富。而对于这些问题，学术界存在两种较为清晰的分析线路。第一种通过与社会学理论的对话，从中寻觅发现显示问题的线索。例如，

① 详细数据，参见国家统计局：《2013年全国农民工监测调查报告》，http://www.stats.gov.cn/tjsj/zxfb/201405/t20140512_551585.html.

② 详细数据详见国家统计局的《2015年农民工监测调查报告》。此外，2014年、2015年的全国农民工监测调查报告中均不再单列新生代农民工比例，但是总体数量变化应该不大。

张积良（2016）从社会资源的角度出发，发现了新生代农民工由于在社会资源获取上的不利地位而导致的贫困代际传递问题。黄斌欢（2014）则通过嵌入性视角的考察发现了新生代农民工呈现同时脱嵌于乡村与城市社会的特点，进而指出双重脱嵌下的新生代农民工处于持续不断的流动与漂泊状态从而面临重重困境。肖云、邓睿（2015）将“内卷化”概念带入了新生代农民工的分析中，得出其在城市社区融入的过程中存在“内卷化”现状：人际关系的内卷化使其社区交往半径较短；诉求渠道的内卷化导致其社区信任度缺失；日常活动的内卷化使其社区参与意识淡薄；身份认同的内卷化使其自我定位模糊。熊光清（2014）则通过社会排斥理论，具体分析了新生代农民工群体作为社会边缘群体的生存生活状态。

第二种则立足于现实调查或者数据分析，将新生代农民所面临的全部问题进行列举，以期对其进行逐一解决。例如，2010 年的《全国总工会关于新生代农民工问题的研究报告》就将这种城市针对农民工的“经济接纳，社会拒入”情况列举为：工资收入水平较低、务工地房价居高不下；受户籍制度制约；职业选择迷茫等六个方面的问题。丁静（2015）的研究则将新生代农民工的困境归纳为就业困境、收入困境、教育困境、居住困境、养老困境、维权困境等。王玉峰（2015）从市民化的角度出发，得出了当前新生代农民工所面临的突出问题：就业与培训问题、居住问题、社会保障问题、子女教育问题。

实际上，由于新生代农民工本身存在的问题之间存在内部的联系，往往是牵一发而动全身，不可能将问题割裂单一化进行逐一解决，关键是挖掘其背后存在的客观联系，以期得到问题的整体解决，因此对新生代农民工问题的分析应该采用整体的分析视角，以把握其内在联系。因为，新生代农民工的社会困境问题不仅仅是由其客观现状所决定的，更在一定程度上取决于其所选择的参照群体。因此，笔者认为社会角色的相关理论为分析当前新生代农民工的困境提供了一个相对合适且完整的视角。一般认为，社会角色是指人们的某种社会地位、身份相一致的一整套权利、义务的规范和行为模式，它是人们对具有特定身份的人的行为期望，它构成了社会群体或组织的基础（郑杭生，2003）。对于具体社会群体的角色而言，外在的角色期待和内在的角色领悟共同构成了其完整的角色规范体系，而当某个社会角色的外部期待和内部领悟发生了冲突之时，则会导致社会矛盾。对于其他相对稳定的社会群体而言，新生代农民工当前面临的困境，也正是由其特定的社会角色所面临的外部期待及内部领悟之间的冲突而所造成的。也就是说，其角色的特殊性，导致其与其他社会群体之间存在较大的角色认同差异性，这种差异性的存在，不但是新生代农民工区别于其他类似社会群体的重要特征，更是其社会困境存在的主要根源。而这种由于差异性导致的问题，正是值得我们进行深入研究之处，也构成了解决新生代农民工问题的具体工作方向。

6.3 新生代农民工困境描述——基于 CGSS 2010

正如前所言，新生代农民工的主要问题是由与其类似社会群体之间的角色差异性所决定的，那么具体分析其类似群体及其差异性就毫无疑问地成为关键所在。从前面对新生代农民工的定义可以看出，新生代农民工的身份标签主要可以分解为代际上属于“新生代”、身份属于“农民”和职业为“工业”（或者第三产业，区别于农业而存在），属于“三位一体”的身份特征。而将其与其他相应身份的社会群体进行对照，可以得出相应的参照类似群体是：代际上区别于第一代农民工（又称老一代农民工）、身份上区别于城市居民和职业上区别于农村留守人员。因此，笔者将通过中国综合调查（CGSS）2010 年数据的具体分析，将新生代农民工的角色特征与上述三个群体进行比较，从而得出其所面临的具体社会困境。

CGSS 2010 年数据，该数据共有初始数据 11783 个。通过有效样本筛选，最后得出农村样本数 4141 个，城市居民 5713 个，农民工样本 709 个，其中新生代农民工样本数为 247 个，老一代农民工样本数为 462 个。①

6.3.1 基本信息的角色差异

从分析的数据可以发现，当前新生代农民工和老一代农民工、留守农

① 部分数据因四舍五入的原因，存在着与分项合计不等的情况。

民以及市民之间在群体的基本特征面前就表现出了极大的差异性（详见表 6－1）。新生代农民工的年收入为 18894.70 元，略高于老一代农民工的 16942.66 元，但是距离城市居民的 28619.34 元还有明显差距。从性别结构上来看，新生代农民工中女性比例显著增加，男女比例分别为 58.3% 和 41.7%，尽管仍然低于市民接近 1∶1 的比例，但是相对于老一代农民工的 68.8% 和 31.1% 的比例而言已经显得合理了很多。受教育程度相对于老一代农民工和农民而言，也显著提升。可以说，在九年义务教育的推广下，尽管整体受教育程度还落后于城市居民，但是小学及以下的比例占 14.2%，已经低于城市居民 17.4% 的比例了。由于年龄限制，新生代农民工中的党员比例较低，只有 2.83%，但是共青团员比例达到了 16.19%，可以说，未来将存在很大的发展空间。从社会保险的参与率来看，新生代农民工参加社保的比例为 20.34%，不仅低于城市居民的 66.11%，甚至还低于老一代农民和农民，这说明，作为流动人口的新生代农民工的社会保障问题将继续加强。

表 6－1　　　　四大群体基本信息的角色差异

角色特征		新生代农民工	老一代农民工	市民	农民
性别（%）	男	58.30	68.83	48.92	46.92
	女	41.70	31.17	51.08	53.08
教育程度（%）	小学及以下	14.17	38.10	17.43	60.08
	初中	53.85	48.70	24.92	31.41
	高中（职业高中、普通高中、中专、技校）	21.46	12.34	28.58	7.69
	大学及以上	10.53	0.87	29.07	0.82
政治面貌（%）	共产党员	2.83	5.64	20.08	5.75
	民主党派	0.00	0.00	0.16	0.00
	共青团员	16.19	1.30	5.91	1.79
	群众	80.97	93.06	73.85	92.46

续表

角色特征		新生代农民工	老一代农民工	市民	农民
城市/农村基本养老保险（%）	参加	20.34	27.90	66.11	26.00
	未参加	79.66	72.10	33.89	74.00
年收入（元）		18894.70	16942.66	28619.34	8168.93

6.3.2 社会认知的角色差异

在社会认知上，本书分析的四个群体也存在较大的角色差异（详见表6-2）。对于社会公平的认知而言，新生代农民工在四个群体中处于最低水平，认为完全不公平和比较不公平的比例均排列榜首，总计高达44.54%。与此类似，其对于收入公平的认知也要相对低于老一代农民工和农民，认为收入公平和比较公平的比例分别为13.47%和17.14%，比较接近城市居民。而幸福感则处于四个群体中的较高水平，比较幸福和完全幸福的比例合计为73.58%，仅次于城市居民的75.16%。从社会阶层认同来看，新生代农民工也表现出了高于老一代农民工和农民的特质，较大地偏向于城市居民，尤其在“十年后将在哪个等级上”的问题中平均得分为5.92，远高于其他三个群体，表现出了对未来的乐观期待。

表6-2　四大群体社会认知的角色差异

角色特征		新生代农民工	老一代农民工	市民	农民
公平认知（%）	完全不公平	11.34	11.33	10.02	7.12
	比较不公平	33.20	29.88	31.12	23.00
	居中	25.10	27.23	25.47	22.37
	比较公平	26.32	37.59	29.92	39.24
	完全公平	4.05	5.30	3.47	8.28

续表

角色特征		新生代农民工	老一代农民工	市民	农民
幸福感（%）	很不幸福	0.41	1.52	1.49	3.02
	比较不幸福	8.94	9.52	6.54	8.82
	居于幸福与不幸福之间	17.07	17.53	16.81	18.82
	比较幸福	54.07	55.41	58.07	54.39
	完全幸福	19.51	16.02	17.09	14.96
阶级认同（0~10个等级）（%）	您认为您自己目前在哪个等级上	4.06	3.85	4.26	3.77
	您认为您10年前在哪个等级上	3.15	2.99	3.83	2.83
	您认为您10年后将在哪个等级上	5.92	4.93	5.11	4.72
收入公平认知（%）	不公平	15.51	13.70	20.09	14.74
	不太公平	18.37	17.61	22.06	20.48
	一般	35.51	27.83	30.60	30.05
	比较公平	17.14	25.43	17.95	21.10
	公平	13.47	15.43	9.30	13.62

6.3.3 城乡态度及社区认同的角色差异

新生代农民在对待城乡的态度上，也与老一代农民工和农民等存在较大差异（详见表6－3）。具体而言，计划或者已经在城镇定居的比例分别为31.97%和18.85%，“五年内计划在城镇建房或购房”和“已经在城镇建房或购房”的比例分别为32.11%和14.63%，都远高于老一代农民工和农民。在返乡意愿上，“未来返乡可能性不大”和“不确定”的比例分别为34.84%和30.33%，也表现出了远低于老一代农民工的特质。

表6-3　　四大群体城乡态度的角色差异

角色特征		新生代农民工	老一代农民工	农民
您计划到城镇定居（%）	是	31.97	19.57	7.52
	否	49.18	62.61	85.64
	已经在城市定居	18.85	17.83	6.84
未来5年您是否计划到城镇建房或者购房（%）	是	32.11	15.62	6.60
	否	53.25	71.58	86.96
	已经在城镇建房或购房	14.63	12.80	6.43
返乡意愿（%）	未来返乡可能性很大	34.84	58.85	—
	未来返乡可能性不大	34.84	22.79	—
	不确定	30.33	18.36	—

在具体的社区认同中，新生代农民工表现出较为明显的流动性和新生代特质（详见表6-4）。在问题“如果你住的社区或村庄有玩耍的孩子在破坏花木或公共物品，你是否会阻止他们”的问题中，新生代农民工回答肯定会的比例为69.23%，较大幅度地低于其他群体。同时“你可以顺利地从邻居家借到扳手、螺丝刀之类的工具”的问题中，“完全可以”的比例为74.49%，仅高于城市居民，而低于老一代农民工和农民。近三年，

表6-4　　四大群体社区认同的角色差异

角色特征		新生代农民工（%）	老一代农民工（%）	市民（%）	农民（%）
如果你住的社区或村庄有玩耍的孩子在破坏花木或公共物品，你是否会阻止他们	不会	5.67	3.48	4.60	4.80
	不一定	25.10	15.22	20.14	13.05
	肯定会	69.23	81.30	75.26	82.15

续表

角色特征		新生代农民工（%）	老一代农民工（%）	市民（%）	农民（%）
你可以顺利地从邻居家借到扳手、螺丝刀之类的工具	完全不可以	3.24	3.92	3.32	1.31
	基本上可以	22.27	17.65	28.11	11.48
	完全可以	74.49	78.43	68.57	87.21
近三年，在您所在居（村）委会的换届选举中，是否投票	投过票	23.98	50.98	37.31	46.92
	没有投过票	76.02	49.02	62.69	53.08

在居（村）委会的换届选举中的投票比例为23.98%，远低于其他三个群体，甚至只有老一代农民工不到一半的比例。

6.3.4　闲暇生活的角色差异

在闲暇生活方面，新生代农民工和其他三个群体之间也存在一定的角色差异性，总体上偏向城市居民（详见表6－5）。具体而言，在具备一定社交属性的“逛街”“与不住在一起的亲戚聚会”“与朋友聚会”等问题中，新生代农民工总体上显示出远高于老一代农民工以及农民的参与频率，而与城市居民较为接近。尤其是在“逛街”这一充分体现城市生活的习惯上，基本上已经与城市居民相差无几。而在日常闲暇生活的主要活动——“出去看电影”“读书”“在家听音乐”“上网”的参与频率上，新生代农民工也保持了与城市居民较高的一致性。以上网为例，新生代农民工的参与频率分别为24.90%（每天）、20.00%（一周数次）、21.22%（一月数次）、5.31%（一年数次或更少）以及28.57%（从不），甚至已经在一定程度上超越了城市居民。

表 6－5　　四大群体闲暇的角色差异

	新生代农民工（%）					老一代农民工（%）				
	每天	一周数次	一月数次	一年数次或更少	从不	每天	一周数次	一月数次	一年数次或更少	从不
出去看电影	0.00	0.82	4.92	24.59	69.67	0.65	0.44	0.65	15.03	83.22
逛街	7.29	19.03	36.44	25.91	11.34	2.82	14.32	24.30	39.05	19.52
读书	8.20	13.93	15.16	25.41	37.30	5.02	6.99	8.73	22.05	57.21
与不住在一起的亲戚聚会	0.00	8.50	18.22	63.97	9.31	0.43	3.90	13.42	72.51	9.74
与朋友聚会	2.86	17.14	32.65	38.37	8.98	1.53	6.54	24.62	47.49	19.83
在家听音乐	23.67	24.90	10.61	13.47	27.35	8.33	10.75	11.40	14.91	54.61
上网	24.90	20.00	21.22	5.31	28.57	5.66	5.66	5.45	3.05	80.17
	农民（%）					市民（%）				
	每天	一周数次	一月数次	一年数次或更少	从不	每天	一周数次	一月数次	一年数次或更少	从不
出去看电影	0.29	0.17	0.87	8.46	90.20	0.21	0.76	5.42	28.60	65.00
逛街	3.20	11.40	25.80	32.85	26.75	8.12	18.54	32.04	28.98	12.32
读书	2.94	3.60	6.12	14.41	72.93	14.14	15.04	16.54	23.67	30.62
与不住在一起的亲戚聚会	0.36	2.40	12.96	69.10	15.19	0.65	6.56	23.69	60.69	8.41
与朋友聚会	2.08	5.70	13.90	47.43	30.89	1.97	11.18	30.20	43.31	13.33
在家听音乐	4.38	9.15	6.99	10.06	69.43	13.90	19.24	15.38	18.10	33.38
上网	2.88	2.37	1.94	2.25	90.56	26.92	12.05	6.34	4.96	49.73

6.4

角色差异：新生代农民工困境成因及其后果

从前述的数据分析可以看出，当前，以老一代农民工、城市居民以及留守农民等为参照群体进行比较，新生代农民工已经在社会角色上表现出较为显著的差异，因此，有必要通过角色差异的视角来进一步分析其成因以及后果，以期为后续问题的解决提供思路。

6.4.1　以老一辈农民工为参照系："我是新生代"

随着城市农民工群体内部的代际分化已然形成，新生代农民工表现出了明显的"新生代"差异，其角色冲突就直接体现为：社会对其角色期待还停留于等同于"老一辈"，而其已然自我领悟为"新生代"。与改革开放之初进入城市打工的老一代农民相比，其追求城市生活的动机更加强烈、素质更高、更具市场竞争意识。多项调查表明，新生代农民工与第一代农民工在价值诉求上有很大的差别：第一代农民工由于与农村生活境况相比较，对于城市中的社会不公平往往具有较高的认可度或忍耐力；新生代农民工文化程度普遍提高，具有较强的公平意识、法律意识和公民意识，一般是从学校直接到打工经商，没有务农的经历，他们对于生活满意度的参照群体主要是流入地的市民，而非流出地的农民，对生活的满足感低于第一代农民工。同时，与市民的生活水平、地位及差距，使他们产生更多的被歧视感和被剥夺感，强烈要求享有与市民同等的权利，因此，新生代农民工面对不平等缺乏忍耐性，若这种需求得不到回应，往往会采取比较激烈的对抗性行为，直接或间接地表达他们的不满。"社会理性"和"追求自我实现"等新生代的价值观念则很好地解释了新生代农民工流动的动因，尽管他们在城市生活中的屡屡受挫、对现状的满意程度低，但仍希望继续留在城市，成为城市中的一员。可见，这是一个比老一辈农民工更充满着自我矛盾的群体，其价值诉求远远比老一辈农民工更为丰富和多元。

6.4.2　以城市居民为参照系："我想和市民一样!"

对于新生代农民工而言，市民化的根本意义在于能够享受"和市民一样"的待遇，这是其出于内在角色领悟所提出的要求，但是却和现有的排斥性社会政策所造成的角色期待存在矛盾，社会要求其保持农民身份的角色期待已经受到了新生代农民工的强烈反感。研究表明，新生代农民工在生活习惯、文化习俗、就业取向、价值目标等方面更接近于市民，尽管身份并没有得到彻底改变，但是他们比第一代农民工有更多的自主和自觉意识，具有强烈的市民化意愿，更愿意成为市民（刘传江、程建林，2007）。实际上，新生代农民工的问题在很大程度上就是其城市居民的社会属性的形成，也就是常说的"市民化"问题。而这种问题的实质并不简单是一个市民身份的问题，而是新生代农民工对于城市居民义务的履行与城市居民权利的相对剥夺之间的矛盾。对于城市居民而言，新生代农民工在社会福利与保障上的差别具体体现在以下方面：首先，工作地位的不平等，农民工与城镇职工在住房条件或补贴、在职培训或进修、工资福利等方面存在明显差异，已基本实现"应保尽保"的城镇"低保"网并不能对农民工进行有效的保障；其次，新生代农民工长期游离于城市医疗卫生保障体系之外，由于农民工医疗保险权益的缺失，致使其在就业方面存在相当风险甚至导致很多刚脱贫或已走上小康之路的农民工"因病返贫""因病致贫"，最后，受户籍制度制约，以随迁子女教育和社会保障为主的基本公共需求难以满足。随着新生代农民工进入城市的规模越来越大，如果他们长期不能迈过市民化这道门槛，与市民享受平等的、应有的社会福利与保障，那么这种矛盾积累到一定时期、发展到一定程度将会引发成较为严重的社会问题。

6.4.3　以农村务农人员为参照系："我是谁?"

与农村务农人员相比，新生代农民工面临的最大角色困境在于自我认同的混乱，社会对其的角色期待不够明晰，而其群体的自我角色领悟则更显混乱。在体制隔离的制度背景下，我国农民工的流动，则面临着这样一个现实：制度安排的惯性使那些改变了生活场所和职业的农民仍然游离于城市体制之外，他们虽常年外出，但又“移而不迁”；虽进入了城市，加入了产业工人的队伍之中，但又不被城市社会认同，仍保留着制度限定的农民身份，造成了城市外来人口的生活地缘边界、工作职业边界与社会网络边界的背离，使巨量的农村人口在城市里处于非城非乡、进退失据的尴尬状态，使他们处于一种“双重边缘人”的状态（陈星博，2003）。李强（2002）认为，与未流出的农民相比，在农民工所流出的农村社区，他们大多是典型的精英群体，他们的个人素质具有明显的优势，他们中的有些人，甚至具有比一些城市下岗工人还要强的人力资本，成为农民工群体中的“底层精英”。然而，与农村留守务农青年相比，新生代农民工们早早离家外出打工的生活经历，使他们无法再认同乡村的社会和生活，也不愿再回到农村。他们被边缘化的最恶劣后果，就是导致了青年农民工群体的成员陷入身份认同混乱的境地，从而使他们的权利与义务关系相背离。身份是与社会位置相一致的权力、责任和社会预期等一系列因素的集合。这一切导致新生代农民工不仅要发问“我是谁?”，身份认同的混乱正是这个无所适从问题背后的深层次逻辑。

综上所述，新生代农民工的具体困境分别体现于（详见图 6－1）：第一，代际差异。相对于老一辈农民工有着更为丰富的价值诉求。第二，身份差异。相对于城市居民存在社会保障上的不足。第三，职业差异。相对

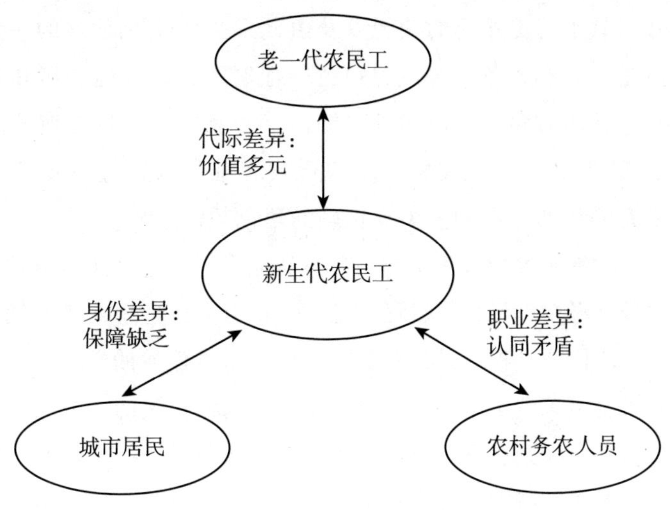

图 6－1　新生代农民工角色冲突分析

于农村务农人员存在身份认同上的矛盾。正是这三个问题构成了当前新生代农民工的问题根源。

6.5 角色建设：新生代农民工困境的解决之道

当某个社会群体在角色实践的过程中，遇到了很多曾经意料不到的困难、挫折或者新情况时，往往不得不随机应变地创造出一些过去为这一角色所不具有的行为规范，甚至是重新构建出一个完整的新的社会角色。而要解决当前新生代农民工所面临的困境，针对这种全新的社会角色所形成的一套系统性的角色建设，也许正是一条可行之途。

6.5.1 新生代农民工自身角色实践能力的提升

对于新生代农民工而言，要顺利实现当前困境的破解，自身角色实践能力的提升无疑是最为关键的因素，而要实现这种提升，则必须从增强角色领悟能力和角色扮演能力两个方面入手。

首先，要增强新生代农民工的角色领悟能力，角色领悟实际上是社会群体对于外部赋予特定角色的期望以及由此形成的文化模式的一种自我理解和个体内化。只有具备了对理想角色的把握能力，才能明确角色扮演的目标；只有具备了对角色规范的理解能力，才能契合角色扮演的要求（杨威，2013）。因此，有必要改变以往的行政思维方式，进一步强化与新生代农民工之间的沟通，帮助其树立正确的角色领悟。

其次，要增强新生代农民工的角色扮演能力。角色扮演是指按照自身的角色领悟践行自身角色行为的过程，是一个将自身对理想角色的领悟通过具体的角色行为外化的过程。只有具备了对自身角色扮演的反思能力，才能找出角色扮演的差距。对于新生代农民工而言，这种扮演的能力则意味着其群体整体素质的全面提升。第一，通过人力资本培育提升新生代农民工的文化技术素质，以增强其新时代工人角色的扮演能力；第二，通过各种平台帮助其提高城市生活和发展的能力，以促使其能够顺利地实践自我对于“城市居民”的内在发展诉求；第三，提升新生代农民工的文明素质和法律水平，帮助其养成健康文明的生活方式和实现各项权益的合法保障，为其找准角色定位打下坚实基础。

6.5.2　社会环境外部角色期望目标的校正

对于新生代农民工而言，要顺利实现当前困境的破解，除了自身角色实践能力的提升之外，集全社会之力为其营造一个角色实践的有利空间也是不可或缺的，这种外部空间最重要的就在于校正现有的针对新生代农民工的角色期待，使之更适合新生代农民工的发展，这也是社会对于新生代农民工的责任所在。

首先，必须正视新生代农民工的正确合理的自我角色领悟。对于新生代农民工内在的“城市居民”的角色领悟，不应该一味打压，而是应该正视其合理要求，积极稳健地通过宏观体制改革与相关的制度创新等各种途径为其“市民化”提供各种有利的帮助，使之真正地摆脱城乡边缘状态，逐渐走向和融入城市主流社会。

其次，构建新生代农民工角色领悟顺利表达的途径。对于新生代农民工而言，其角色的自我领悟与角色的外部期待之间的矛盾不仅表现于两者存在巨大的差异性，更体现为表达途径的不通畅，也就是说，新生代农民工面临着相对的“失声”境地，因此，不能仅仅满足于当前的以学者为其“代言”的局面，有必要通过各种途径帮助其扩大社会影响力，正确表达其的角色领悟，只有这样才能找出角色领悟与期待之间的差异，从而为解决两者之间的矛盾奠定基础。

最后，正确引导新生代农民工摆脱失范的角色领悟。必须承认的是，当前新生代农民工的很多自我角色领悟及其诉求也并不完全合理，也因为这些不合理的诉求导致了一定的行为偏差，甚至是犯罪行为。因此，有必要通过各种手段推广普及相关法律知识，增强农民工的遵纪守法意识，在构建起角色领悟表达的基础上，引导其树立正确的角色领悟。同时，应该加强针对已然产生失范心理和行为的新生代农民工的社会矫治工作，促使其走上正确的角色领悟道路。

第7章

城市贫困群体及其社会治理

城市贫困群体的“精准扶贫”，不仅仅意味着通过社会政策与制度的调整，改善其贫困现状，更离不开对其社会失范行为的社会治理。本章从社会情境的理论视角，借助以上海市贫困群体为对象的问卷调查及访谈数据，分析了社会紧张感知与社会价值取向对其参与集体行动这一社会失范行为的影响。研究发现，城市贫困群体的社会紧张的感知程度（而非真实的生存紧张程度）以及社会价值取向对其参与集体行动有着显著的影响，因此有必要对城市贫困群体形成亚文化甚至是反文化的倾向保持警惕。研究结论为城市贫困群体的精准扶贫以及社会治理的方向提供了参考。

7.1 研究背景：被“冷落”的城市贫困群体

“阅读”中国的现实可以发现，社会转型已经掀起了一轮新阶级的涌动：“新中产阶级”“新管理精英”等开始登上历史舞台的同时，始料未及的城乡新贫困群体——城市农民工、下岗工人以及因制度变迁而越发贫困的乡村贫穷人口也相继出现（周怡，2002）。而无论是出于政权合法性的考虑还是社会福祉提升的意愿，各国政府和学者都把贫困治理视为不可推卸的责任。由于我国长期城乡二元结构的存在，对于贫困问题的认识与解决也沿着城乡两条不同的维度展开。过去中国的贫困人口主要集中在农村地区，城市贫困并不是突出问题，但近年来随着城市化的快速推进和农民市民化进程的相对滞后，城市贫困和低收入群体不断扩大，日益成为影响社会和谐稳定的重要因素。可以说，我国的贫困治理进入城市与农村并重的新阶段（魏后凯、王宁，2013）。

作为我国贫困发生的主要场域，以农村贫困群体为对象的扶贫开发社会实践成效显著。改革开放以来，在党和国家扶贫开发工作的不懈努力之下，我国的贫困群体从 7 亿人缩减至 7000 万人，其中我国农村贫困人口数量大幅降低，2013 ~2016 年农村累计脱贫 5564 万人；贫困发生率从 2012 年底的 10.2% 下降至 2016 年底的 4.5%（刘永富，2017）。中共中央、国务院在 2015 年 11 月 29 日发布了《关于打赢脱贫攻坚战的决定》，也将脱贫的主要目标明确指向了农村居民（欧健、刘晓婉，2017）。巨大的现实成就也离不开学术界的不懈努力，尽管学术界的“贫困”研究最早兴起于城市研究，例如，贫困的最早定义就来源于英国学者 Rowntree 在 1902 年撰写的《贫困：城镇生活的研究》一书。[①] 但是，当前中国的现状却是城市贫困的研究远远落后于乡村。以“农村 + 贫困”为关键词在知网进行搜索可知，学术界的研究成果硕然，且呈逐年攀升的态势，[②] 相较而言，以“城市 + 贫困”为题的搜索结果则仅为 3266 条。

尽管如此，城市贫困问题的研究也取得了一定的进展。学者指出，改革开放以来，城市作为承载快速的社会转型的重要场域，已然分化出了一个规模庞大的城市贫困群体，并有逐步衍生出社会学意义上“底层社会”的趋势（文军、吴晓凯，2015），该群体在组成上主要包括：国有、集体企业的下岗失业人员；从事临时性劳务工作的人员；传统意义上的“三无”人员；社会保障不足的老年人口及特殊困难群体；刚毕业的“蚁族”大学生等（文军、吴晓凯，2015；姚迈新，2017；范逢春，2016），在人口规模上则数以千万计（李刚、周加来，2009）。与此同时，围绕规模庞大、组成复杂的城市贫困群体的脱贫研究与治理实践也同步展开。学者提出通过构建城市新贫困救助体系（陈云，2015）、构建“价值反思—主体

---

① Rowntree 将贫困界定为：“如果一个家庭的总收入不足以维持家庭人口最基本的生存活动要求，那么这个家庭就基本上陷入了贫困之中。”

② 一共可以找到 15534 条结果，且自 2000 年以来，年均保持 700 条文献，2016 年、2017 年分别达到了 1388 条及 1758 条文献。

重构—路径创新”的治贫之道（范逢春，2016）等措施来解决城市贫困问题。在城市贫困群体的研究中，最不容被忽视的就是城市贫困问题所引发的大量群体性抗争事件（汪玉凯，2010），学术界也由此形成了不同于农村底层群体的“以法抗争”和“以身抗争”的城市贫困群体的“以理抗争”和“合法抗争”的中国经典研究路径（罗峰，2014）。

由此可见，城市贫困群体所获得的关注度明显低于农村。相较于农村研究通过各种方式的“重返底层”，城市社会群体（阶层）的研究尽管主题较为广泛，涉及了阶层结构、阶层意识、消费分层、社会网络、阶层政治等各个方面，但其研究对象往往更多地倾向于中产阶层（魏程琳，2016）。客观地说，城市贫困群体的相对被“冷落”，从根源来看是由中国社会所处的发展阶段所决定的。城市贫困本身属于一种相对贫困，正如既有研究所指出的那样，中国在20世纪90年代以前是没有城市贫困的问题的，这种城市低贫困率是建立在农村整体贫困的代价基础之上的，即使是身处贫困的广大城市群体，相较于农村居民，依旧在绝对的生活质量及社会保障方面有着巨大的优势。

此外，对于贫困的结构解释视角的盛行也在一定程度上加深了对城市贫困问题的被“冷落”。城市贫困问题的结构解释视角成型于应对20世纪80年代西方工业化国家所经历的社会转型所导致的城市贫富差距问题的研究中，并形成了“极化理论”（钱志鸿、黄大志，2014）、“社会排斥”（皮埃尔·斯特罗贝尔，1997）、“社会剥夺”（曹扶生、武前波，2008）等经典理论框架。基于结构视角的学者及其主导的社会政策往往倾向于通过改善贫困群体的外部环境、从社会政策和制度设置的视角来看待和处理贫困问题，这不仅强调了社会与政府的责任，也在实践层面具有更强的可操作性。但是，由于我国城市贫困群体的某些特质，导致了由经典的结构解释视角所衍生的理论框架的解释力被无形地削弱了。其原因正在于中国的城市贫困是一种处于特定社会情境下的贫困，基于文化解释的社会情境理论在回应城市贫困的问题上存在的先天优势，因为这种贫困本身就是基于城市这一特定的社会情境之中才得以成立的。于是贫困的文化解释视角也就成为研究城市贫困问题不得不提及的一种考量。

7.2

社会情境理论下城市贫困及本研究假设

最早将贫困视作一种文化现象进行专门研究的是美国人类学家刘易斯(Oscar Lewis)。刘易斯通过对城市“贫民区”的实证分析，在其所著的 *Five Families*：*Mexican Case Studies in the Culture of Poverty* 一书中，首次提出“贫困文化”这一概念。他认为，贫困文化指的是贫困群体为了适应社会的不利地位，而被迫产生并维持的一整套社会价值体系及生活方式(Lewis，1959)。刘易斯的研究，将文化因素引入了社会贫困的解释框架之中，并形成了贫困的文化研究视角。

7.2.1　文化视角下的城市贫困群体

文化解释视角又被总结为社会情境理论视角，该视角试图从情境出发来解释社会适应过程中的贫困问题，并确立了社会适应缺失是造就贫困群体原因的核心观点（周怡，2007）。此外，20 世纪 50 年代初，美国社会学家塔尔科特 · 帕森斯和爱德华 · 希尔斯在《关于行动的一般理论》一书中更进一步强调了“社会情境”对于社会行动的重要意义，“社会情境”概念被用以表达实现社会目标时“所面临的各种环境要素”，以及促进目标实现所具备的“条件和手段”（景天魁、高和荣，2016）。值得一提的是，文化视角的解释力在人们对贫困的界定由单纯的收入贫困向多维的福利贫困转变的过程中得到进一步证实。本章通过整合相关研究，对结构解释与文化解释的差异进行总结（详见表 7 -1）。

表 7 -1　　贫困的结构及文化解释视角的差异

差异	结构解释	文化解释
现象描述	客观状态，贫困是一种客观拥有的匮乏状态	主观特征，贫困群体的价值规范和行为特征、态度及主观心理感受等

续表

差异	结构解释	文化解释
贫困归因	制度或政策派生的外在致贫因素	规范衍生的内在因素
适用对象	绝对贫困/客观贫困	相对贫困/主观贫困
治理领域	扶贫脱困	“社会失范行为”的治理

从现象描述及贫困归因来看，结构解释视角注重贫困的客观状态，认为贫困是个体在收入、职业、权利、地位以及市场机会等资源上的一种客观的匮乏状态。而文化解释视角则强调贫困是一种包含价值规范和行为特征、群体的态度、主观心理感受的独特群体特征；同时，结构解释视角更为注重经济财富的研究，明显偏向于那些由制度或政策派生的致贫因素，如市场机会、体面的工作、较高的收入、种族主义、结构变迁等。文化解释视角则关注那些主要由规范衍生的穷人已经习惯的内在因素，如个人的动机、信仰、生活态度、行为特征和心理群像等（周怡，2002）。从适用对象及治理领域来看，随着社会发展水平及整体生活水平的提升，绝对贫困渐渐地被相对贫困所替代，贫困的内涵也从客观贫困拓展到了主观贫困，[①] 因此，相对于以单纯的资源占有指标作为核心分析变量的结构解释视角，更为关注主观体验等要素的文化解释视角，无疑在回应民众诉求、彰显社会关怀、激励反贫困参与上更为有效（谢治菊、李小勇，2017）。而从贫困治理的适用范围来看，相较于结构解释视角对于社会整体的贫困现象的治理及个体扶贫脱困的诉求，文化解释视角不仅仅能够作为前者在该领域的有力补充，更能够通过对于具体社会情境的充分分析，实现对于贫困治理的另一重要领域——由贫困引发的“社会失范行为”的分析及治理。

因此，通过对于既有文献的进一步梳理，可以将社会情境理论的研究路径表述为：贫困群体的贫困根源往往在于具体的社会结构与制度挤压，现实的“社会排斥”导致其面临生活机会狭窄、流动机会有限的窘境，并

① 绝对贫困被认为是一个客观的定义，它建立在维持生活这个概念的基础上。维持生存就是延续生命的最低需求，因此低于维持生存的水平就会遭受绝对贫困。而相对贫困是一种较为主观的标准，往往取决于个体所选择的参照标准。参见唐钧．确定中国城镇贫困线方法的探讨［J］．社会学研究，1997（2）：62－73.

且形成了贫困群体所特有的社会心态——社会紧张感知，同时，其对于主流社会价值观念的认同，也会在普遍的焦虑和不信任中被逐步消解，甚至形成一整套亚文化的社会价值取向，身处这种情境中的人们会不可避免地产生迷茫和无所适从（李汉林，2004），进而导致其与主流文化、主流群体之间的激烈冲突，引发危机的爆发（涂尔干，2009），导致“社会失范行为”的产生。贫困群体对于社会紧张的感知以及对于社会主流价值取向的认同，正是其“所面临各种环境要素”的一种“社会心态”[①] 的总反应，而“社会失范行为”正是“社会心态”导致的一种社会行动的选择。

7.2.2　研究假设

基于前面的分析，本章提出如下假设：第一，社会紧张的感知程度越高的贫困群体，越倾向于采取社会失范行为来改变现状；第二，社会价值的认同程度越低的贫困群体，越倾向于采取社会失范行为来改变现状。

7.3

数据来源及研究方法

7.3.1　数据来源

本章将“城市贫困群体”界定为“经济收入处于社会底层（低于上海市家庭人均收入线下）、生活处于较为困难并存在失业或半失业、失地等现象的城市人群”。这仅是一个范围性的界定，而非概念性界定。本章的数据来源于 2014 年上海市决策咨询研究项目——《上海市底层群体生存与发展状况调查研究》，问卷共发放 1000 份，回收 931 份，为符合本章的

① 社会心态是指“一定时期的社会环境和文化影响下形成并不断发生变化的，在一定的文化和亚文化下社会中多数成员或较大比例成员表现出普遍的、一致的心理特点和行为模式”，它与个体的生活经历和体验相关，反映出个体的生存状态。参见王俊秀．社会心态理论：一种宏观社会心理学范式［M］．北京：社会科学文献出版社，2014：25.

研究要求，在处理数据时，剔除了高收入（高于上海市平均收入）、在校学生及管理人员，共得到有效问卷884份。

7.3.2 变量及模型

（1）因变量：本章考察的是社会情境理论下城市贫困群体的问题，其中主要考察的因变量即社会失范行为的产生概率，以往对于贫困群体的研究通常都会将体制外的集体行动视为社会失范行为，因此本章选择调查问卷中“因为政策调整而导致自己利益受损之时，是否愿意找政府要个说法?”作为自变量，其中选择“大力支持，积极参与”以及“参与，但不出头”视为有参与集体行动的意愿，赋值为1；其他的选项视为无参与集体行动的意愿，赋值为0。

（2）自变量：为了验证本章的假设，社会紧张感知及社会价值认同对于城市贫困群体参与社会失范行为的影响，本章选择了以下问题作为核心自变量来对上述问题进行考察：①社会紧张感知：“相对于去年，您觉得家庭经济生活的变化是?”（1为变宽裕，2为基本无变化，3为变得艰难了）；“在和政府接触的过程中，您的满意程度是?”（1为很满意，2为比较满意，3为一般，4为不太满意，5为很满意）；“认为当前的社会矛盾情况如何?”（1为非常激化，2为比较激化，3为一般，4为比较平和，5为非常平和）。②社会价值认同：“农民工应当获得城市户口并享受和市民平等的保障”“个人贫困主要是由于自己的不努力造成的，责任不在社会”“相对于社会上和网络上的传言，我更相信国家主流媒体的信息”（以上3个问题的赋值均为：1为非常同意，2为比较同意，3为一般，4为不太同意，5为很不同意）。

（3）控制变量：同时，参考以往研究中对于贫困群体的认定及个体特征的描述，本章还选取了性别、年龄、政治面貌、学历、是否失业、家庭收入区间及住房面积等作为控制变量。

（4）回归模型：由于本章探讨的核心问题在于城市贫困群体参与集体行动意愿的影响因素，因此将以基本的控制变量为基础，建立基本的Logistic回归模型，再引入社会紧张感知以及社会价值认同，以研究两者对于集体行动参与意愿的影响。同时，由于集体行动的参与意愿为二分变量，故采用 Binary Logistic 回归模型来分析，其基本估计模型如下：

$$\text{Logit}(P) = \beta_0 + \beta_1 x_1 + \cdots + \beta_p x_p \quad (7-1)$$

表 7－2 对调查样本的基本情况做了分析，具体如下：表现出较为强烈的集体行动参与意愿的群体占被访者的 20.6%，在被访者中，男性比例为 49.3%，平均年龄为 49.47 岁，平均学历略低于高中或中专，失业率为 19.9%，家庭收入平均维持在 8001～20000 元的区间，人均住房面积为 26.7 平方米，明显低于《2014 年上海市国民经济和社会发展统计公报》显示的 35.1 平方米。图 7－1 至图 7－4 则分别考察了调查样本在社会紧张感知及社会价值认同方面的基本情况。

表 7－2　　描述性统计

变量	均值	标准差	最小值	最大值
集体行动参与意愿（1 为是，0 为否）	0.206	0.405	0	1
性别（1 为男，2 为女）	1.493	0.500	1	2
年龄（周岁）	49.47	15.61	18	92
政治面貌（1 为党员，2 为非党员）	1.896	0.306	1	2
学历	2.727	1.001	1	5
是否失业（1 为失业，0 为非失业）	0.199	0.400	0	1
家庭人均年收入区间（1 为 0～8000 元，2 为 8001～20000 元，3 为 20001～40000 元，4 为 40001～56000 元）	2.086	0.934	1	4
家庭人均住房面积（平方米）	26.70	22.68	0	300

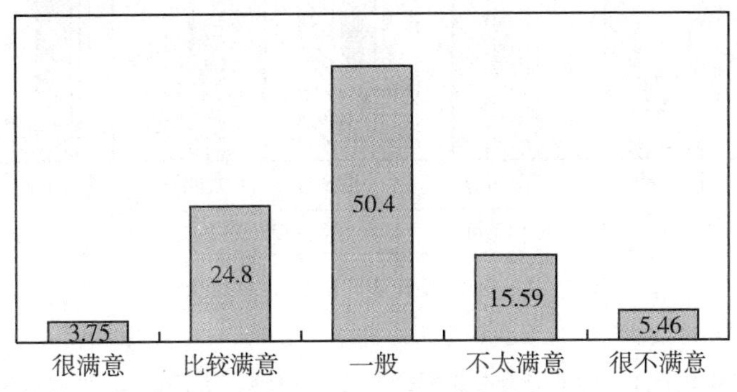

图 7－1　在和政府接触的过程中，您的满意程度是？（单位为%）

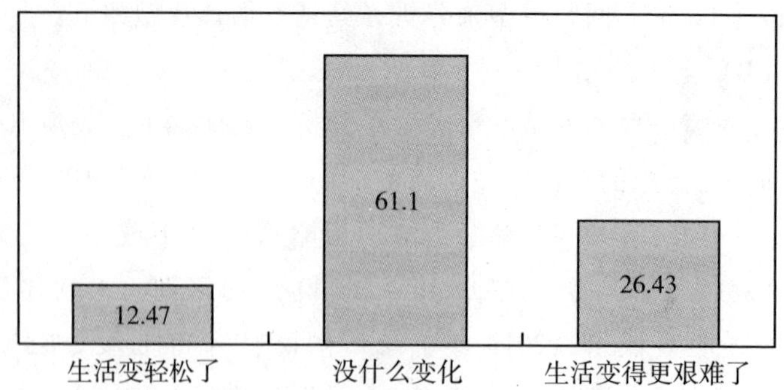

图 7－2　相对于去年，您觉得家庭经济生活的变化是？（单位为%）

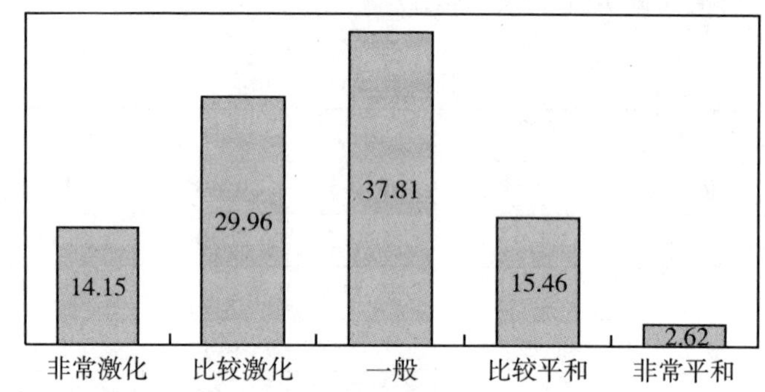

图 7－3　认为当前的社会矛盾情况如何？（单位为%）

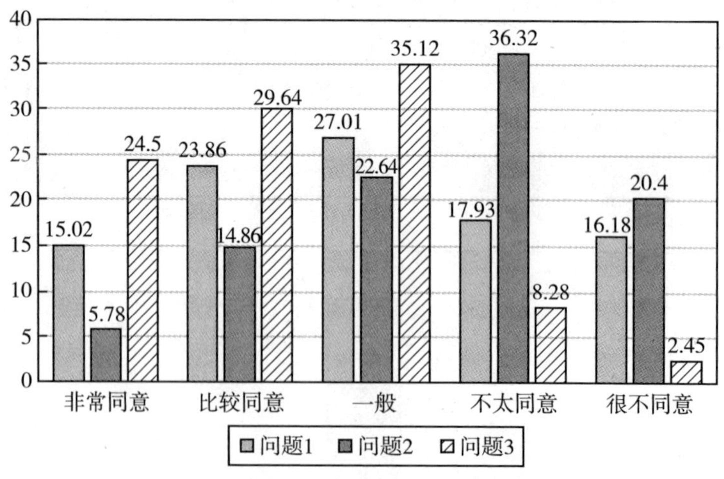

图 7－4　社会价值认同情况（单位为%）

注：问题 1："农民工应当获得城市户口并享受和市民平等的保障"；问题 2："个人贫困主要是由于自己的不努力造成的，责任不在社会"；问题 3："相对于社会上和网络上的传言，我更相信国家主流媒体的信息"。

7.3.3　访谈说明

为了进一步提升本章研究的客观性，在进行问卷调研的同时，笔者还选取了部分实际参与了集体行动的调查对象进行深度访谈。其主要包括复员军人上访群体、低保户等底层群体，以期对其社会紧张感知及社会价值认同的情况，以及对于社会失范行为——集体行动的影响有更准确的把握。

7.4 实证结果分析及访谈发现

7.4.1　实证结果分析

本章的实证分析结果详见表 7 - 3。通过模型 1 可以发现，以往的区分社会阶层的诸多要素——即本章的基本控制变量中，性别、政治面貌、学历、就业状况及家庭人均收入均与集体行动的参与意愿没有显著关系。只有年龄对于集体行动的参与产生了显著影响，且随着贫困群体的年龄增大，其参与的意愿变低，这也符合以往的研究结论（党春艳，2012）。而在逐步加入了本章所考察的因变量：社会紧张感知及社会价值整合的考察之后，家庭人均住房面积也开始表现出对于集体行动参与意愿的显著影响（$p < 0.1$），收入则并无显著影响，这背后的原因可能有以下两点：第一，本章的调查对象的收入经过了筛选，都属于收入较低的范畴，因此收入的差异性并不显著；第二，对于城市，尤其是上海这样的一线城市居民而言，住房的财富效应及依附于其之上的社会公共服务价值的重要性要远远超过收入。而系数正，则意味着家庭人均住房面积越大的城市贫困群体越倾向于参与集体行动。

从模型 2 可以发现，本章用以考察城市贫困群体的社会紧张感知程度的三个问题均与其集体行动的参与意愿存在显著关系。具体而言，三个问题——“相对于去年，您觉得家庭经济生活的变化是？”“在和政府接触的过程中，您的满意程度是？”“认为当前的社会矛盾情况如何？”——分别对应了紧张感知程度的个体、政府及社会层面。分析结果显示，个体层面的紧张感知度越高，即认为自己的生活相对于去年变得艰难的贫困群体越倾向于参与集体行动；而对于政府的满意程度越低，对于社会矛盾激化程度的认识越强烈，其参与集体行动的意愿也越强烈。

从模型3可以发现，本章用以考察城市贫困群体的社会价值观整合程度的三个问题与其集体行动的参与意愿影响更为显著。具体而言，三个问题——“农民工应当获得城市户口并享受和市民平等的保障”“个人贫困主要是由于自己的不努力造成的，责任不在社会”“相对于社会上和网络上的传言，我更相信国家主流媒体的信息”——分别考察了社会公平价值观、社会责任价值观以及社会信任价值观。本章的分析进一步证明，越认同农民工与市民之间平等关系的城市贫困群体，其参与集体行动的意愿越低。这不由让人回想起广受关注的城市居民的“集体自私”（文军，2012）问题。这种价值观深刻地说明了城市贫困群体、身处城市外来人员及城市本土中上阶层的双重压力；而对于贫困根源认同的价值观，也与集体行动的参与存在显著关系，越认同个人归因，则越不愿意参与到集体行动之中；从社会信任的角度来看，对于主流媒体的信任度也有助于降低其参与集体行动的意愿。

表7-3　集体行动参与意愿的Logit回归分析

	模型1		模型2	
	b	Exp（b）	b	Exp（b）
性别（以女性为参照）	0.152	1.164	0.332*	1.394
年龄	-0.018***	0.981	-0.014*	0.987
政治面貌（以党员为参照）	0.305	1.356	0.188	1.207
学历	-0.020	0.980	-0.037	0.964
就业状况（以有工作为参照）	-0.247	0.781	-0.142	0.868
家庭年收入区间	-0.019	0.981	-0.008	0.992
家庭人均住房面积	-0.004	0.996	-0.008*	0.992

续表

	模型 1		模型 2	
	b	Exp（b）	b	Exp（b）
相对于去年的家庭经济生活变化（1～3）			0.386**	1.471
政府满意程度（1～5）			0.206*	1.229
社会矛盾激化程度（1～5）			-0.399***	0.671
认同度：农民工应当获得城市户口并享受和市民平等的保障（1～5）			0.206**	1.229
认同度：个人贫困主要是由于自己的不努力造成的，责任不在社会（1～5）			0.401***	1.493
认同度：相对于社会上和网络上的传言，我更相信国家主流媒体的信息（1～5）			0.318***	1.374
Prob > chi2	0.061		0.000	
Pseudo R^2	0.0171		0.0931	
样本量	884		884	

注：*** $p<0.01$，** $p<0.05$，* $p<0.1$，括号内为标准误。

7.4.2　访谈发现

为了进一步验证本章的实证结论及丰富研究层次，笔者在进行问卷调研的同时，还选择了一部分实际参与了集体行动的贫困群体进行访谈研究。通过访谈的分析可以发现，城市贫困群体形成了相对完整的“贫困强调化—归因社会化—诉求正当化”的叙事逻辑。首先，正如前面的实证分析中发现，底层群体在收入、住房面积等衡量生活贫困的指标上处于较低的位置，而且在教育程度、年龄、工作状态等个体资本指标也处于不利的社会地位，因此，在实际的访谈过程中，被访者往往存在对于大量日常生活贫困状态的描述：

我过来找政府的主要目的还是一个字，钱。你看看啊，那些其他区县的人动迁的补偿都比我们这里多这么多，而且他们好多人还有几千元的工资，我们都是农民，现在每个月才这么点钱，差不多差了一半，你说我心里能平衡吗？还有啊，我现在还有高血压、糖尿病，每次治疗都会花去很多钱（动迁农民）。

真的是哦，像我，我以前也是长征医院出来的，现在一个月一两千也就算了，但是我到现在住房问题还没解决呢，还住在那种流动的安置房，说句难听的，我现在两脚一蹬死了，连留给子女的房子也没有呀。像我们这点收入，真的，现在就只能祈祷千万别生病，要是得了什么病，只能等死了（低保户）。

当然城市群体处于较为窘迫的生活状态是不言自明的，但是从其叙事中却可以发现这种贫困状态被“有意无意”地强化了，强化的目的则是实现其“归因社会化”，并进而强化对贫困现状不合理性的质疑，并且在质疑过程中进一步消弭了其对政府乃至主流社会的整体信任感。通过叙事的“贫困强调化”和“归因社会化”，被访的城市贫困群体最终实现了逻辑目标——“诉求正当化”。

我们街道里天天喊要给我补贴，我说什么补贴，我不要！你那几百块能干吗？她们说要来看望我，我说别来别来，来什么来……好多上面的好政策都被掐掉（动迁农民）。

我们都一把年纪了，你算算看，今年已经60岁了，就算再活20年又怎么样呢？所以对于我们来说，钱已经不是最重要的目的了，我们到这里来，就是为了争一口气，用你们的话来说，就是争取我们应该有的权利，这个权利和钱不一样，我们争取到了，就有可能传到下一代身上，这个对整个社会都是有好处的（低保户）。

访谈的发现，进一步佐证了本章定量分析的结果。对于已然投身集体行动的城市贫困群体而言，如何感知贫困的生活状态，往往比贫困本身更为重要，因为社会紧张的强烈感知，才是导致其“社会失范行为”的根源。而叙事逻辑背后透露出的现实就是：城市贫困群体的价值取向已经开始逐步偏离主流社会所认同的对于平等自由等基础价值观，这也导致其开始打破社会道德“枷锁”，追求如何最大化实现自我切身利益的行为的出现。而这一结论，也契合了布迪厄关于“惯习”（habitus）的基本论断（Bourdieu，1977），即社会的结构性因素内化为个体倾向系统的过程：基本的社会条件决定了对特定的社会群体而言什么是可能的、什么是不可能的，进而通过个人的实践和通过实践获得的社会化经验，内化为个人的行为倾向。

7.5 结论与启示

本章对于国内城市贫困群体及其问题治理的研究，在以下两个方面进行了创新：首先，在前人的基础上，通过实证方法，论证了城市贫困是一种“多维度”的综合现象，其表现不仅仅在于社会资源的缺乏，更在于贫困文化的累积和“社会失范行为”，从而丰富了对城市贫困的理解维度；其次，通过定量分析，进一步分析了社会情境理论视角下，城市贫困群体“社会失范行为”产生的具体影响因素，丰富了当前城市贫困群体的研究。研究发现：第一，城市特有的社会情境导致了城市贫困群体的需求差异性。例如，相对于收入而言，住房方面的窘迫现状是导致其集体行动意愿增强的重要原因，因此准确识别城市贫困群体的需求是治理的前提；第二，城市贫困群体在个体生活、政府满意程度以及社会矛盾的认识等方面的紧张感知，可能成为其“社会失范行为”的导火索，尽管这种感知往往是其生活的主观体验而非客观现实；第三，分歧于社会主流价值观念认同的文化要素可能在城市贫困群体中流行，并成为其“社会失范行为”的助推器。因此，警惕贫困群体内部的亚文化甚至是反文化（J. 弥尔顿·英格，2013）的形成，将成为城市社会治理中不容忽视的领域。

通过本章的研究，可以对当前大都市贫困群体的贫困治理提供以下启示：

首先，本章的结论，有助于进一步深化对“精准扶贫”的理解。通过贫困的不同解释视角可以发现，贫困可以分为两类：一类可以通过较短时间内的社会结构调整以及贫困群体的自我努力加以克服的，而另一类则有可能在和文化的互构过程中得以持续，形成贫困文化，甚至激发出“社会失范行为”。这就意味着“精准扶贫”实质上包含两个层面：一方面是对于贫困根源的治理，从而扶持贫困群体摆脱物质贫困的现状；另一方面则是对于因贫困而产生的“社会失范行为”的治理。前者是基础，后者是提升，双管齐下，才能从根本上解决贫困问题，构建更和谐的社会。相对于乡村贫困群体而言，城市贫困群体的贫困表现为一种相对贫困和主观贫困，因此，其贫困现状就不仅仅是一种生活状态，更是一种基于特定社会情境的主观体验，并成为阻碍其脱离贫困状态的重要因素，甚至导致“社会失范行为”的产生，进而对社会治理带来沉重的威胁。因此，城市贫困群体的“精准扶贫”，最重要的并不是变革贫困的社会结构，实现物质扶贫，而是在解决其基本生活保障的基础之上，从贫困文化的角度入手，预防其反社会行为，这就需要从通过社会情境（包括主观体验以及价值认同等层面）的改变，既防止其集体行动的发生，也通过杜绝其底层文化土壤的形成来达到治理贫困的目的。

其次，城市扶贫工作不可能一劳永逸，这有赖于整个社会持之以恒的不懈努力。需要认识到的是，贫困文化是对城市贫困群体对于贫困现状的一种适应以及自我维护的需要（吴理财，2001a）。行为模式、规范与期待的发展是适应现存的情境而来的，但并非情境改变，规范（行为模式或期待）就会随即反应而改变，两者间存在滞差（lag）（周怡，2002），也即贫困文化具备相当的惯性特质，这意味着贫困群体所秉持的文化价值取向不会轻易形成，但是一旦形成，要想改变的话，则会破坏其脆弱的生存平衡而导致激烈的反弹（吴理财，2001b）。因此，在试图重新塑造城市贫困群体的价值取向甚至是文化之时，有待其心理、思想、态度和行为方式上的全方位转变。

最后，尽管本章研究显示，客观的生存现状对于城市贫困群体的“社会失范行为”并无直接显著的影响，但这并不是可以对其掉以轻心的理由。毕竟城市贫困产生的根源还在于配置性资源、权威性资源、规范性规则和解释性规则等社会结构因素（韩莹莹、范世民，2016），美国学者威尔逊在城市贫困问题的鼻祖之作——《当工作消失时：城市新穷人的世界》中也曾指出，一般而言，社会中所有的群体都会分享共同的价值取向，而不同的群体之所以会在观念和行为上存在差异，往往是由于其具体的社会地位导致的社会体验差异所造成的（威廉·朱利叶斯·威尔逊，2016）。因此，就理论上而言，本章中的城市贫困群体所表现出的对社会主流价值观的不认同，其实质在于所面临的"社会排斥"，使之很难去践行原本服膺的价值观，在文化要素的"情境适应性"（situationally adaptive）原则下，对价值观进行了"理性"的自我选择。因此，在我们关注城市贫困群体的价值观念的"改造"，试图去消弭其"社会失范行为"产生土壤的同时，更不能忽视的是对其客观生存结构的"改善"。

第8章

以社区协商推动城市社区的共同体营造

随着中国城市社会中传统“单位共同体”的式微，社区开始作为承载居民日常生活空间的共同体而出现，也就成为承载诸多类型的城市居民实现或者加深市民化进程的重要空间。而社区协商对于社区共同体的营造有着不可替代的价值。上海市普陀区在“同心家园”建设过程中的社区协商实践，体现了其在营造社区共同体的功能性、精神性和社会性等层面的作用。基于此，进一步从深入探索社区协商的理论源泉和实践途径，不仅是我国城市社区治理创新的重要途径，对于实现更有价值的市民化进程也大有裨益。

8.1 “共同体”营造视角下基层社会治理的嬗变

过去的几十年里，在传统的单位体制下，中国社会形成了一种基于“单位共同体”的特殊社会管理传统（田毅鹏、胡水，2015），而伴随着中国社会的转型，尤其是城市单位制的改革，在瓦解了“单位共同体”的同时，催生了城市社区这一独特的现实社会场域，并使之逐步成长为城市居民日常生活的主空间。城市社区由于体现了国家为了解决单位制解体后城市社会整合与社会控制问题，保障与基层社会的良好沟通以及实施社会控制和整合，塑造国家政治建设和政治发展积极资源的努力，而成为国家基层治理的有效单元（林尚立，2002）；更作为城市居民日常生活共同体（滕尼斯，1999）的物理承载空间，上演着城市居民生老病死、喜怒哀乐的戏码，尽管由于这个戏码伴随着个体逐步脱离“国家—单位—个人”的控制体系，身份由“单位人”蜕变为“社会人”（田毅鹏、吕方，2009）、价值观念从一元到多元、生活方式从统一到丰富、社会关系从简单到复杂的过程，而被相当一部分学者视为社区共性的阙如的表现，并直指社区沦为“脱域共同体”的威胁，进而提出了当前城市社区作为一种滕尼斯笔下“共同体”是否真实存在的质疑（桂勇、黄荣贵，2006）。

时至今日，对于城市社区这一“共同体”是否存在的讨论并没有太大的现实意义，早在 2000 年，《民政部关于在全国推进城市社区建设的意见》中就已明确将城市社区化为共同体的范畴，意见指出，社区是指聚居在一定地域范围内的人们所组成的社会生活共同体。而从学理讨论的层面来看，“共同体”概念自提出以来，就出现过诸多分歧的定义（陈美萍，2009），并被不同学科赋予各种新的内涵。正如李慧凤等人指出的那样，当前人们口中的“共同体”，早已不再局限于滕尼斯、涂尔干、韦伯、雷德菲尔德、鲍曼等人笔下的概念，而是成为一个融入权力组织、社会网络、社会资本等多种新元素的共同体，也因此成为具有多种功能的功能性共同体（李慧凤、蔡旭昶，2010），因此，应该更多地将对于城市社区的研究视角汇聚于如何促进其作为“共同体”的功能[①]发挥而非是否存续之上。

纵观当前对于社区层面的共同体的研究，基本上将其指设为：一定地域界限范围内，由一定的生产或社会关系组织起来的，从事一定社会活动的一定数量的群体，此外，一定的治理结构或机制体系、相应的生活方式以及一定的认同感也不可或缺。而社会的急速转型，导致了传统的熟人社会赖以维系纽带和运作机制“失灵”，社区建设和社区治理日渐浮现出诸如社区治理重心转移、社区公共道德面临重构、社区整合能力弱化等问题

① 当然，尽管本书强调共同体的功能性，但是仍然需要指出的是，其作为一种组织，仍然区别于一半意义上作为“功能体”的组织，详见张志旻，赵世奎，任之光，杜全生，韩智勇，周延泽，高瑞平．共同体的界定、内涵及其生成——共同体研究综述［J］．科学学与科学技术管理，2010（10）：14－20．

（何绍辉，2015），都使后单位制时代的城市社区面临着“共同体”危机，诚然，当前的城市社区以及无法也没有必要回到特尼斯所描述的那个“传统的，诗一般的田园生活”状态，但是对于一个“包含了舒适感、识别感、安全感、交流感、成就感等精神和生活的意义”的理想型社区（丁元竹，2013）的向往却是人类永恒的追求。这些困境，开始呼唤社区作为一种生活和精神“共同体”的功能性复归（姜方炳，2015）。始于20世纪80年代中期的中国社区建设，使社区不仅成为城市基层社会的基本组织形式，同时开启了现代社区共同体构建的步伐。2000年，中办发23号文件首次提出，要“努力建设管理有序、服务完善、环境优美、治安良好、生活便利、人际关系和谐的新型现代化社区”。2007年，中共中央明确提出要在社会建设进程中，“把城乡社区建设成管理有序、服务完善、文明祥和的社会生活共同体”。而处在“行政化困境”和“功利化困境”之间的城市社区，其共同体的构建面临着十分艰巨的任务——为社区共同体成长提供良好的外部体制环境；在“家园意识”和社区公共文化的培育中提升社区共同体的凝聚力；推进广泛的社区民众参与，增强社区居民的共同生活体验；等等（高亚芹，2013）。近年来党和政府关于社会治理创新的全面战略部署，正是力图解决当前社区面临的新问题，回应民众对于理想型社区追求的现实举措。

8.2

社区协商：基层社会治理的创新举措

作为西方理论界传统的三大民主模式之一[①]，协商民主（Deliberative Democracy）兴起于20世纪80年代，起源于美国学者约瑟夫·M. 毕塞特在1980年发表的《协商民主：共和政府的多数原则》一文。罗尔斯的重叠共识和公共理性、哈贝马斯的理性和批判主义，以及吉登斯的结构二重性和话语意识等提供了理论贡献，在西方的现实实践中也积累了丰富而成功的经验（闵学勤，2015）。协商民主的前提在于承认并接受社区利益主

① 三大民主模式包括自由主义民主、共和主义民主和协商民主。

体多元化及不同利益主体之间存在的差异和分歧；其核心在于强调基于理性的协商，即客观、冷静、审慎地讨论、审议、对话和交流，从而取得共识；其本质就是要充分体现并维护利益主体的诉求和权益。而社区协商是社区利益主体基于理性的协商取得共识，以消除彼此之间的分歧，维护各自的权益的民主形式（吴猛，2011）。面对城市社会治理的危机，基于协商民主而衍生的社区协商，作为我国基层社会治理的重要创新举措，开始受到重视。尽管当前，中国的协商式治理还处在顶层设计大于基层实践的阶段，但是这场“潜在”的变革，却有望成为中国城市社区中社会治理创新的活力源泉。

党的十八届三中全会首次提出了将“推进国家治理体系和治理能力现代化”作为全面深化改革的总目标。而社区作为国家治理体系中最基层的有效治理单元，其治理成效无疑具备举足轻重的地位。正如有学者指出的，社区是中国政治和社会的基石，是国家治理中的基础性关键性环节：社区是社会稳定的基本保障，是社会公德的主要来源，是实现民主的最佳场域，是弥补和平衡科层体系的有效途径（陶元浩，2016）。而身处加速转型的城市社会之中，兼具治理单元、市民空间以及日常生活共同体三重性特征的城市社区开始面临前所未有的挑战（黄锐，2016），必须进行基层社会治理创新才能有效应对现实带来的挑战，而社区协商正是有效的创新途径之一。因此，党的十八大报告首次提出了“社会主义协商民主是我国人民民主的重要形式”，进而对“健全社会主义协商民主制度”进行规划和部署。为了进一步推动协商式治理的优势，2015 年 2 月中共中央印发的《关于加强社会主义协商民主建设的意见》，对协商民主建设作出了顶层设计和全面部署，制定了清晰的路线图。而为了从基层强化协商制度，2015 年 7 月由中共中央办公厅、国务院办公厅发出的《关于加强城乡社区协商的意见》规定了协商内容、确定协商主体、拓展协商形式、规范协商程序、运用协商成果等，并将城乡社区协商定义为“基层群众自治的生动实践，是社会主义协商民主建设的重要组成部分和有效实现形式”，并明确提出了：“发展基层民主，畅通民主渠道，开展形式多样的基层协商，推进城乡社区协商制度化、规范化和程序化”的要求。

社区协商可以贯穿在社区公共活动的全过程，从社区领导人的协商选举中产生，到由社区居民广泛参与社区规则的协商制定，再到社区规则的协商执行，实现社区自治和社区民主。同时，社区协商还存在诸如协商主体的草根性、广泛性和参与的直接性；协商议题的日常性、可接近性，且与群众切身利益直接相关；协商形式的灵活多样，正式协商和非正式协商并存；社区协商的基础性和扩展性并存等优点。

8.3

“同心家园”：普陀区社区协商的创新实践

近年来，普陀区多层面开展基层协商民主实践，通过“三务”公开、“三会”议政等形式，初步实现了“社区事情居民议，居民事情居民定，居民事情居民办”的基层民主格局。2016 年，全区各街道镇共开展“同心家园”建设项目 447 个，其中不乏社区协商项目。这些工作深化了社区协商议事制度探索，丰富了社区协商议事实践。总体而言，普陀区的社区协商按照“公众参与—协商议事—公共咨询—民主决策—决策实施—评议监督”的思路，探索形成“知、议、询、决、行、督”的运作模式，创新在区域化党建引领下，社区共治与社区自治协同发展，多元主体协同治理的善治局面。

在区域化党建上，普陀区按照区委部署，区域化党建工作分为区级、街镇和居民区三个层面实施。区级层面区域化党建工作通常以联席会议形式进行组织实施，其成员单位代表通过申请或推荐协商产生。街道镇层面党建则创立了以街道镇党（工）委为核心、居民区（村）党组织为基础、区域内其他党组织为结点的“1 + 2 + 2 + X”区域化党建新机制。居（村）层面建立以居民区（村）党组织为领导核心，社区民警、业委会、物业公司、驻区单位、社会组织等方面的党员代表参加的区域化党建组织网络。

在共治平台的建设上，普陀区下辖 10 个街镇先后建立了以党建为核心的各种形式的党建共同体，例如，曹杨街道的“筑梦曹杨”区域化党建联盟、甘泉街道的“幸福甘泉”区域化党建工作联席会议以及长征镇的“红色力量”联盟区域化党建工作平台等，以及面向社区全体成员的社区代表会议，此外，很多街镇还根据各自的实际情况成立了如城市网格化平台、

"同心家园"领导小组会议、现场办公会等共治平台。在自治平台的建设上，则更加凸显出各个街镇的特色，例如，曹杨街道成立了居民社区联席会议、城市网格化工作站、听证会、协调会、评议会、居民代表会议等；宜川街道成立了新上海人自管会、楼组自治管理委员会、泰山支路弄管会等；真如镇街道成立了"真如益"居民区区域化党建联席会议、听证会、协调会、评议会、两委班子议事会等；桃浦镇成立了党员议事会、居民代表议事会、"三位一体"议事会、矛盾协调会、决策听证会等，通过各种形式的平台建设，将社区共治和自治有机地结合在一起。

为了进一步提升社区协商主体的培育和参与度，普陀区花了很大的工夫。首先，普陀区在确保社区党组织对于协商议事的领导核心地位的同时，大力推动各类社区组织和机构积极参与到社区协商议事中来，培养了居民对居（村）委会、物业公司、业主委员会、社区党组织等社区协商议事主体接受度的同时，积极推动各类兴趣小组、志愿服务机构、社区服务站的成长，从而实现了普陀区社区协商议事主体的培育与发展，逐步实现了从政府主导向社会组织和服务机构参与过渡，各类企事业单位、社会组织不断承接政府行政体制改革所剥离出来的社会职能，有力地推动社区功能的重建与拓展。

同时，普陀区还积极响应上海市的号召，积极搭建政协委员联系社区工作平台。普陀区试点建立的委员联系点由街道镇党（工）委领导，设组长一名，由担任区政协委员的街道镇领导担任，副组长2名，从委员中推选产生，联络员由街道镇负责统战工作的科室工作人员担任。联系点成员由工作或居住在本街道镇或对相关社区工作有兴趣的委员组成。其主要工作内容是：参与社区相关事务、收集社情民意、参与社区建设。

在协商议事选题的形成机制中，普陀区在推进"同心家园"建设过程中，重视项目的申报与审核工作。2016年全区汇总形成了447个工作项目，这些项目中有相当一批需要转化成协商议题，拿到社区共治或自治协商平台上进行商议，以便推动落实。本着"社区事情居民议，居民事情居民定，居民事情居民办"的工作思路，坚持自下而上的方式，围绕社区共治和自治平台，制订年度协商计划工作流程如下：议题征集—议题遴选—汇总初稿—征求意见—议题确定。这个过程中，注意的事项是：围绕协商议题征求意见的过程中，要体现民意优先的原则，充分保障居民的知情权，会前应提供与议题相关的背景资料，也可事先组织协商参与人员开展调查研究，切实做到问计于民；对于居民和有关方面申报的、但未被列入协商计划表的议题，应做好说明和解释工作，保护居民和有关方面参与协商的积极性；顺应时代特点和居民生活方式、议事渠道的变化，坚持与时俱进，创新运用网络平台、微信公众号、QQ 群、手机 APP 等现代信息平台和手段，开展社区协商议题的征集和意见征询工作。

在协商议事的具体实施过程中，对于共治议题，[①] 社区共治协商议题由社区委员会下设的专业委员会负责组织实施。目前，普陀区各街道的社区委员会均设置了专业委员会，基本覆盖社区事务的方方面面，且与街道相关科室对口联系，得到职能科室的支持。具体包括：①社区建设和公共管理专委会；②社区公益事业和公共服务专委会；③社区平安和公共安全专委会；④居民自治与公众参与专委会；⑤社区规划与发展专委会；⑥社区文化宣传和公共关系专委会；⑦城市管理专委会；⑧社会管理综合治理委员会；⑨社会保障委员会；⑩社会发展委员会；等等。协商议事的具体过程的关键在于协商会议的组织以及会后监督执行，具体注意：对于专业性、技术性较强的议题，可以邀请专家学者、专业技术人员、第三方机构参加协商会议；街道党工委、办事处领导应对协商各方的意见建议作出回应；需要后续办理落实的事项，应明确议题办理的分管领导、职能科室和办理时限，根据协商会议纪要拟订落实意见；等等。

对于自治议题，由于居民自治议题的协商是社区协商中最经常、最灵活的协商种类，对于加强社区协商民主建设具有重要意义。因此，目前普陀区居民区层面共有三个自治协商平台：居民区联席会议、“三会”（社区评议会、社区协调会、社区听证会）、居民自治组织。居民自治议题的协商应在居民区党组织领导下，居（村）委会负责具体推动落实工作。协商主体包括：居民代表、居（村）委会、居民小组、业委会、物业公司、驻区单位、社区社会组织，以及其他利益相关方。自治议题的协商区别于共

① 根据上海市及普陀区有关文件精神，区域化党建工作联席会议和社区代表会议已经建立了较为完善的工作流程和操作方式，因此，在社区代表会议闭会期间，社区委员会和专业委员会开展的各类共治议题的协商活动才是工作的重点。

治议题协商的最大特点是：协商过程由居民全程参与，协商结果由居民“说了算”。目前，普陀区在居民自治方面进行了深入探索，形成了“一品香泉”“同心圆楼组”等特色自治平台。不少社区在“同心家园”推进过程中也自发创立了一系列个性化议事平台，成为自治协商平台的重要载体。应继续鼓励社区探索创新工作载体，并指导他们在制度化、规范化、程序化上深耕细作，形成社区协商议事的特色品牌，在社区治理中发挥更加重要的作用。

8.4

总结：社区协商创新推动共同体营造

从前面的分析中可以看出，从当前普陀区的“同心家园”建设中，社区协商的创新实践业已表现出来的特征来看，能够对社区共同体存续的功能性、精神性和社会性三个基本特质[①]施加相当正面的影响，从而推动社区共同体的营造。

首先，共同体功能性——共同目标的确立。作为共同体的一种，城市社区的目标往往区别于一般功能体，是以满足共同体内部需求为导向的，具体表现为对社区公共利益的关注而维系的共同行动目标。但是由于当前城市居民内部的个体化趋势不断彰显，因此，共同目标的确立也就面临着前所未有的困难。而社区协商议事则从源头上使明确目标成为可能。弥补社区选举民主的不足，强化对决策者与管理者的约束，从而提高社区公共决策的民主性、科学性、合法性。

其次，共同体精神性——认同感的建构。就城市社区而言，其居民的认同感相对于传统社区以及单位共同体而言，存在一定的天然劣势，因此，就更加需要通过多元主体对于社区事务的协同参与，围绕基层民主，发展出了“党建引领，多元共治”的社区协商体系。协商民主在基层治理

---

① 共同体的存续，离不开三个基本要素：共同目标——共同体生成的前提；身份认同——共同体生成的基础；归属感——共同体维系的纽带。详见张志旻，赵世奎，任之光，杜全生，韩智勇，周延泽，高瑞平．共同体的界定、内涵及其生成——共同体研究综述［J］．科学学与科学技术管理，2010．（10）：14－20．

的社会化过程中，理性的政治参与有助于公民意识的养成，实现多元化与社会化的合拍；有效的利益表达有助于基层民主的发展，实现社会化与制度化的契合；科学的民主决策有助于政治文明的涵养，体现民主政治与协商民主的一致性。应发挥协商民主在基层治理中的信息聚合、利益协调、社会稳定、服务大局等社会整合功能，推进国家治理体系和治理能力现代化（陈海燕，2016）。这有利于培育社区参与意识，促进社区共同体的形成。

最后，共同体社会性——人际交往的维系。共同体的营造需要全体居民的广泛沟通，社区协商则通过长期的过程来推动这一点。总之，社区协商的过程不仅是社区居民表达诉求的过程，也是不断发现新的信息，论证自己的偏好诉求，或者倾听他者的诉求、倾听他者论证自己的诉求并可能转变自己原来的诉求的过程，还有可能是通过论辩发现新的信息并放弃自己原来的主张而提出新的主张的过程，这是一个相互争论、彼此说服的过程，这个过程本身也是社区居民自我管理、自我教育、自我锻炼和自我服务的过程（张洪武，2016）。这有利于解决社区矛盾和冲突，推动社区和谐。由此，在中国城市基层社会治理创新的浪潮中，社区协商民主日渐受到重视，并将发挥出越来越重要的成果。

第9章

总结与讨论：未尽的市民化

通过前面对于转型期中国市民化进程中，城市移民变迁所涉及的几个具体问题的分析，可以依次得出以下启示：

第一，当前的市民化政策制定，必须要正视城市化、市民化的长期性和复杂性，充分尊重不同等级的群体自我选择的市民化动机及道路，并且积极为其创造便利条件。在市民化的同时，切实提升不同类型的农业转移人口的日常生活中的幸福感与获得感。尤其对于以集体宿舍、“城中村”（含城郊村）与群租型的普通商品房等为代表的，满足中低端市民化人群的住房需求空间场所要进一步放开限制，并且对城市内部存在的空间隔离问题保持警惕，采取一定的措施，从而促进城市内部不同群体之间的互动交流，营造一个和谐的过渡性市民化空间。

第二，城市化浪潮卷入了各个阶层的群体，尤其是城市新移民的内部差异性之大甚至要大于城乡差异。当前，已经有相当一部分学者开始关注到市民化的类型问题，不再将待市民化群体视为铁板一块，市民化群体的类型区分研究将成为外来研究的重要方向。当前，制度层面的不平等依然是市民化群体遭受各种问题的主要因素，需要更加大力地推进公共服务均等化之路。但需要注意的是，除了制度层面的不平等之外，对于某些特定群体（如“凤凰男”）而言，其所面对的城市冷漠可能更加是其城市融入的重要问题所在。此外，对于以职业转变为途径的市民化群体而言，职业是其树立信心的最重要基础，所以要进一步扩展为包括农民工等在内的城市移民创造出待遇公平、认知合理的工作岗位，为继续吸纳农业转移人口打下基础。

第三，城市化进程是伴随着整个中国从“总体性社会”向“个体化社会”的转变而同时进行的，在这个过程中，日常生活领域中，国家权力的让渡和个体意识的觉醒最终导致了城市消费主义的盛行。同时，城市化进程，在给全中国各个社会群体带来绝对收益的同时，也造成了一定数量的利益绝对受损群体和相对受损群体，在消费主义盛行的大潮下，这种利益受损被进一步放大，从而导致了相当数量的城市抗争行为。因此，如何进一步公平分配城市化收益，让更多的城市移民以更合理的方式享有发展成果，是必须予以解决的问题。

第四，城市内部的更新也是城市化进程中不可或缺的一部分。城市更新不仅涉及物质环境的改造和置换，也关系到城市内部权利关系重构、社会网络再建、文化保育与再生、城市发展模式和动力的转换等方面。除了对旧厂房、旧居住区、“城中村”等的拆除重建、综合整治和功能变换等的城市硬件的更新之外，还包括城市社区治理软件部分的更新，以及更加重要的以城市移民的变迁带来的城市内部居民的结构性变迁，这些都会给原有城市社区带来不同程度的变化，而以社区共同体重建为目的的，包括社区协商在内的各种基层社会治理创新举措，正是上海市近年来城市治理中值得推广借鉴的有效经验。

如果将上述启示统一于转型期城市化这一宏观主题之下，那么总体上概括而言，本书可以得出以下结论：第一，中国城市化的长期性与复杂性进一步导致了市民化过程中各个群体的分化，由此带来的群体与个体之间的差异需要得到更大的重视，在具体的政策引导中需要更加强调“以人为本”、因人施政；第二，当前，对于市民化群体而言，制度层面的排斥正在减轻，影响其城市融入的问题正在逐渐转向日常生活中的疏离感以及由此带来的社会认同以及角色定位问题；第三，中国社会（尤其是城市社会）正在面临一场国家从居民日常生活中退场的浪潮，其结果是个体身份的崛起和集体主义的消逝，而基于城市社区的共同体重建，将是应对这一趋势的有力手段之一。

由于时间仓促以及笔者笔力不逮，本书还存在一定的研究不足，都是需要后续研究中继续扩展的。首先，本书注意到并对市民化群体的类型进行了初步的探索，但是当前对于该问题还未能从实证和理论双重进行一个系统的论证，从而得出一个完整的市民化群体类型谱系及其路径差异性研究；其次，本书构建并揭示了过渡性市民化空间这一概念的重要性，但是对于原本计划的以“城中村”、城乡接合部等具象空间的田野研究未能如期完成，因而，相对缺乏对于市民化在日常生活中的足够观察，对于该问题的把握也就失去了现实感；最后，也是最重要的，如何以本书的研究为基础构建起一个对于中国城市化的完整的系统性思考，回应 21 世纪之初《改革以来中国城市化道路及其城市化理论研究述评》一文中提出的创新与重建中国的城市化理论问题（赵新平、周一星，2002），将是本人后续的研究方向。

参考文献

[1] 曹大宇. 我国居民收入与幸福感关系的研究 [D]. 华中科技大学, 2009.

[2] 曹扶生, 武前波. 国外城市反贫困理论研究综述 [J]. 城市问题, 2008 (10): 75 - 80.

[3] 陈丰. 从"虚城市化"到市民化: 农民工城市化的现实路径 [J]. 社会科学, 2007 (2): 110 - 120.

[4] 陈海燕. 协商民主在基层治理中的社会化过程与社会整合功能探析——基于社会化的视角 [J]. 广西社会科学, 2016 (3): 139 - 143.

[5] 陈美萍. 共同体 (Community): 一个社会学话语的演变 [J]. 南通大学学报 (社会科学版), 2009 (1): 118 - 123.

[6] 陈伟东, 张大维. 社区公共服务设施分类及其配置: 城乡比较 [J]. 华中师范大学学报 (人文社会科学版), 2008 (1): 19 - 26.

[7] 陈星博. 结构挤压与角色错位——社会转型期我国城市青年农民工群体中"问题化"倾向研究 [J]. 改革, 2003 (4): 105 - 110.

[8] 陈延, 金晓彤. 新生代农民工市民化意愿影响因素的实证研究——基于人力资本、社会资本和心理资本的考察 [J]. 西北人口, 2014 (4): 105 - 111.

[9] 陈云. 城市新贫困治理问题研究 [J]. 理论探索, 2015 (2): 94 - 98.

[10] 陈藻, 杨风. 乡—城迁移人口城市聚居形态与"半城市化"问题 [J]. 农村经济, 2014 (12): 90 - 94.

[11] 成伯清. 代际差异、感受结构与社会变迁——从文化反哺说起 [J]. 河北学刊. 2015 (3): 96 - 100.

[12] 程淑平, 程业炳, 张德化. 新型城镇化视域下农业转移人口市

民化意愿研究 [J]. 中国农业资源与区划, 2017 (7): 78－83.

[13] 崔岩. 流动人口心理层面的社会融入和身份认同问题研究 [J]. 社会学研究, 2012 (5): 141－160.

[14] 党春艳. 制度与行动: 城市贫困群体的生存逻辑——基于社会互构论视角 [J]. 河南社会科学, 2012 (12): 76－78.

[15] 狄雷, 刘能. 流动人口聚居区形成过程的社会学考察——一个城市空间转型的个案研究 [J]. 江苏行政学院学报, 2013 (1): 71－77.

[16] 丁静. 新生代农民工的困境及破解之策 [J]. 中国劳动关系学院学报, 2015 (3): 55－59.

[17] 丁元竹. 滕尼斯的梦想与现实 [J]. 读书, 2013 (2): 43－52.

[18] 丁月牙. 个体空间: 基于移民生活史的空间解读 [J]. 民族研究, 2014 (4): 13－24.

[19] 范逢春. 城市新贫困: 扶贫之囿与治理之道 [J]. 理论探讨, 2016 (1): 156－161.

[20] 范剑勇, 莫家伟, 张吉鹏. 居住模式与中国城镇化——基于土地供给视角的经验研究 [J]. 中国社会科学, 2015 (4): 44－63.

[21] 方纲, 风笑天. 城乡居民主观幸福研究述评 [J]. 广西民族大学学报 (哲学社会科学版). 2009 (2): 68－73.

[22] 风笑天, 林南. 中国城市居民生活质量研究 [M]. 华中理工大学出版社, 1998.

[23] 甘满堂, 黄美扬. 居民社会交往与社会参与的城乡差异——福州调查为例 [J]. 石家庄学院学报, 2017 (1): 101－111.

[24] 高亚芹. "共同体" 概念的学术演进与社区共同体的重构 [J]. 文化学刊, 2013 (3): 48－54.

[25] 桂勇, 黄荣贵. 城市社区: 共同体还是 "互不相关的邻里" [J]. 华中师范大学学报 (人文社会科学版), 2006 (6): 36－42。

[26] 桂勇. 城市 "社区" 是否可能? ——关于农村邻里空间与城市邻里空间的比较分析 [J]. 贵州师范大学学报 (社会科学版), 2005 (6): 12－18.

[27] 郭星华, 胡文嵩. 闲暇生活与农民工的市民化 [J]. 人口研究,

2006 (5): 77 - 81.

[28] 郭星华，杨杰丽. 城市民工群体的自愿性隔离 [J]. 江苏行政学院学报, 2005 (1): 57 - 62.

[29] 郭宇. 我国新型城镇化发展模式研究 [J]. 改革与战略, 2015 (11): 135 - 138.

[30] 韩莹莹，范世民. 结构化理论视角下城市贫困的致贫因素及作用机理 [J]. 求索, 2016 (7): 49 - 54.

[31] 何绍辉. 场共同体：陌生人社区建设的本位取向 [J]. 人文杂志, 2015 (4): 109 - 115.

[32] 侯慧丽、李春华. 梯度城市化：不同社区类型下的流动人口居住模式和住房状况 [J]. 人口研究, 2013 (2): 83 - 92.

[33] 胡军辉. 相对剥夺感对农民工市民化意愿的影响 [J]. 农业经济问题, 2015 (11): 32 - 41.

[34] 黄斌欢. 双重脱嵌与新生代农民工的阶级形成 [J]. 社会学研究, 2014 (2): 170 - 188.

[35] 黄丽云. 新生代农民工研究综述 [J]. 华北电力大学学报：社会科学版, 2011 (1): 36 - 39.

[36] 黄荣贵，桂勇. 集体性社会资本对社区参与的影响 [J]. 社会, 2011 (6): 1 - 21.

[37] 黄锐，文军. 从传统村落到新型都市共同体：转型社区的形成及其基本特质 [J]. 学习与实践, 2012 (4): 75 - 82.

[38] 黄锐. 城市社区的三重性及其危机：兼论建构何种社区治理秩序 [J]. 人口与社会, 2016 (1): 14 - 21.

[39] J. 弥尔顿·英格，黄瑞玲. 反文化与亚文化 [J]. 国外理论动态, 2013 (10): 36 - 43.

[40] 姜方炳. 共同体化：城市社区治理的功能性转向——走出社区治理困境的一种可能思路 [J]. 中共天津市委党校学报, 2015 (2): 74 - 81.

[41] 景天魁，高和荣. 探索复杂社会的治理之道——中国社会治理的情境、逻辑与策略 [J]. 人民论坛·学术前沿, 2016 (1): 75 - 82.

[42] 克里斯汀·卢尼，刘霓. 中国特色的城市化及其所面对的风险

[J]. 国外社会科学, 2016 (3): 153 - 155.

[43] 赖晓飞. 影响城乡居民主观幸福感的路径分析——对农村人口流动的文化解释 [J]. 贵州大学学报 (社会科学版). 2012 (05): 31 - 35.

[44] 蓝宇蕴. 都市里的村庄: 一个"新村社共同体"的实地研究 [M]. 北京: 三联书店, 2005.

[45] 李刚, 周加来. 中国的城市贫困与治理——基于能力与权利视角的分析 [J]. 城市问题, 2009 (11): 55 - 59.

[46] 李汉林. 中国单位社会: 议论、思考与研究 [M]. 上海: 上海人民出版社, 2004.

[47] 李慧凤, 蔡旭昶. "共同体"概念的演变, 应用与公民社会 [J]. 学术月刊, 2010 (6): 19 - 25.

[48] 李洁瑾, 黄荣贵, 冯艾. 城市社区异质性与邻里社会资本研究 [J]. 复旦学报 (社会科学版), 2007 (5): 67 - 73.

[49] 李培林, 田丰. 中国新生代农民工: 社会态度和行为选择 [J]. 社会, 2011 (3): 1 - 23.

[50] 李强, 陈振华, 张莹. 就近城镇化与就地城镇化 [J]. 广东社会科学, 2015 (1): 186 - 199.

[51] 李强. 影响中国城乡流动人口的推力与拉力因素分析 [J]. 中国社会科学, 2003 (5): 125 - 136.

[52] 李强. 2002 年中国社会形势分析与预测 [M]. 北京: 社会科学文献出版社, 2002.

[53] 李琼英. 从并存到同化: 一个中国移民村的变迁之路——以北京"浙江村"为例 [J]. 江淮论坛, 2013 (2): 136 - 141.

[54] 李涛, 史宇鹏, 陈斌开. 住房与幸福: 幸福经济学视角下的中国城镇居民住房问题 [J]. 经济研究, 2011 (9): 69 - 82.

[55] 李晓阳, 黄毅祥, 彭思颖. 1989—2010 年农民工市民化意愿影响因素实证分析 [J]. 商业经济研究, 2013 (13): 6 - 8.

[56] 李友梅, 肖瑛, 黄晓春. 社会认同: 一种结构视野的分析——以美、德、日三国为例 [M]. 上海: 上海人民出版社, 2007.

[57] 梁晨. 生活方式市民化——对农转非居民消费模式与闲暇模式

的探讨 [J]. 青年研究, 2012 (5): 86 - 93.

[58] 林聚任, 马光川. “城市新居民”市民化与“制度阀”效应——一个制度分析的视角 [J]. 人文杂志, 2015 (1): 98 - 104.

[59] 林尚立. 社区: 中国政治建设战略性空间 [J]. 毛泽东邓小平理论研究, 2002 (2): 58 - 64.

[60] 刘传江, 程建林. 我国农民工的代际差异与市民化 [J]. 经济纵横, 2007 (4): 18 - 21.

[61] 刘杰. 我国城市化进程中城乡接合部的功能定位分析 [J]. 贵州社会科学, 2013 (4): 28 - 32.

[62] 刘永富. 不忘初心坚决打赢脱贫攻坚战——党的十八大以来脱贫攻坚的成就与经验 [J]. 求是, 2017 (11): 18 - 20.

[63] 陆小伟. 城市生活方式的主要特征和功能 [J]. 社会学研究, 1987 (4): 116 - 122.

[64] 罗丞. 安居方能乐业: 居住类型对新生代农民工市民化意愿的影响研究 [J]. 西北人口, 2017 (2): 105 - 110.

[65] 罗楚亮. 城乡分割、就业状况与主观幸福感差异 [J]. 经济学 (季刊). 2006 (2): 817 - 840.

[66] 罗峰. 身体、空间与关系: 大都市底层群体日常生活政治研究 [D]. 华东师范大学博士研究生学位论文, 2014.

[67] 马丹. 社会网络对生活满意度的影响研究基于京、沪、粤三地的分析 [J]. 社会. 2015 (3): 168 - 192.

[68] 毛丹, 王燕锋. J 市农民为什么不愿做市民——城郊农民的安全经济学 [J]. 社会学研究, 2006 (6): 45 - 70.

[69] 闵学勤. 社区协商: 让基层治理运转起来 [J]. 南京社会科学, 2015 (6): 56 - 61.

[70] 欧健, 刘晓婉. 十八大以来习近平的扶贫思想研究 [J]. 社会主义研究, 2017 (6): 13 - 21.

[71] 潘华. “回流式”市民化: 新生代农民工市民化的新趋势——结构化理论视角 [J]. 理论月刊, 2013 (3): 171 - 174.

[72] 潘泽泉. 社会空间的极化与隔离: 一项有关城市空间消费的社会

学分析［J］. 社会科学，2005（1）：67－72.

［73］佩德罗·孔塞桑，罗米娜·班德罗，卢艳华. 主观幸福感研究文献综述［J］. 国外理论动态. 2013（7）：10－23.

［74］皮埃尔·斯特罗贝尔. 从贫困到社会排斥：工资社会抑人权社会？［J］. 国际社会科学杂志，1997（2）：21－58.

［75］钱志鸿，黄大志. 城市贫困、社会排斥和社会极化——当代西方城市贫困研究综述［J］. 国外社会科学，2004（1）：54－60.

［76］卿石松，郑加梅. 工作让生活更美好：就业质量视角下的幸福感研究［J］. 财贸经济，2016（4）：134－148.

［77］塞缪尔·亨廷顿. 我们是谁？美国国家特性面临的挑战［M］. 程克雄译，北京：新华出版社，2005.

［78］盛亦男. 中国流动人口家庭化迁居决策的个案访谈分析［J］. 人口与经济，2014（4）：65－73.

［79］石智雷，彭慧. 工作时间、业余生活与农民工的市民化意愿［J］. 中南财经政法大学学报，2015（4）：12－21.

［80］宋林飞. 城市移民的文化矛盾与社会安全［J］. 江苏社会科学，2005（5）：6－8.

［81］孙良顺. 社会经济地位、社会保障、生态环境与城乡居民幸福感——基于CGSS（2013）数据的实证分析［J］. 湖南科技大学学报（社会科学版），2016（6）：86－92.

［82］唐斌. “双重边缘人”：城市农民工自我认同的形成及社会影响［J］. 中南民族大学学报（人文社会科学版），2002（8）：36－38.

［83］唐踔. 对我国新生代农民工市民化问题的几点思考［J］. 江西农业大学学报：社会科学版，2010，（2）：16－21.

［84］唐钧. 确定中国城镇贫困线方法的探讨［J］. 社会学研究，1997（2）：62－73.

［85］陶元浩. 国家治理中的社区定位及衰落［J］. 求实，2016，（05）：62－70.

［86］滕尼斯. 共同体与社会［M］. 北京：商务印书馆，1999.

［87］田毅鹏，吕方. 单位社会的终结及其社会风险［J］. 吉林大学

社会科学学报，2009（6）：17－23.

［88］田毅鹏，胡水．单位共同体变迁与基层社会治理体系的重建［J］．社会建设，2015（2）：10－16.

［89］田毅鹏，齐苗苗．城郊“村落单位化”的社会管理功能及其限度［J］．社会科学，2014（1）：83－90.

［90］田毅鹏，齐苗苗．城乡接合部“社会样态”的再探讨［J］．山东社会科学，2014（6）：30－35.

［91］田毅鹏，齐苗苗．城乡接合部非定居性移民的“社区感”与“故乡情结”［J］．天津社会科学，2013（2）：53－58.

［92］涂尔干．自杀论［M］．北京：商务印书馆，2009.

［93］汪业周．论生活方式的蕴涵与结构［J］．理论导刊，2002（1）：90－93.

［94］汪玉凯．当前社会转型的特殊性［J］．党政视野，2010（10）：49－50.

［95］王春光．农村流动人口的“半城市化”问题研究［J］．社会学研究，2006（7）：107－122.

［96］王桂新，胡健．城市农民工社会保障与市民化意愿［J］．人口学刊，2015（6）：45－55.

［97］王汉生，刘世定，孙立平，等．“浙江村”：中国农民进入城市的一种独特方式［J］．社会学研究，1997（1）：56－67.

［98］王慧博．中国东西部失地农民市民化意愿对比测量［J］．社会科学辑刊，2013（3）：62－67.

［99］王慧慧．民生因素与城乡居民幸福感——基于 CGSS 数据的实证分析［J］．中南财经政法大学学报，2014（5）：32－38.

［100］王俊秀．社会心态理论：一种宏观社会心理学范式［M］．北京：社会科学文献出版社，2014.

［101］王文龙．反向留守，逆城市化与中国新型城镇化［J］．中州学刊，2014（1）：35－39.

［102］王小章．“乡土中国”及其终结：费孝通“乡土中国”理论再认识——兼谈整体社会形态视野下的新型城镇化［J］．山东社会科学，2015

(2): 5-12.

[103] 王玉峰. 新生代农民工市民化的现实困境与政策分析 [J]. 江淮论坛, 2015 (2): 132-140.

[104] 威廉·朱利叶斯·威尔逊. 当工作消失时: 城市新穷人的世界 [M]. 成伯清、王佳鹏译, 上海人民出版社, 2016.

[105] 魏程琳. 发现底层——1990年以来中国阶层研究的进路与转向 [J]. 西南大学学报 (社会科学版), 2016 (5): 39-45.

[106] 魏后凯, 王宁. 参与式反贫困: 中国城市贫困治理的方向 [J]. 江淮论坛, 2013 (5): 9-17.

[107] 文军, 吴晓凯. 大都市底层社会的形成及其影响——以上海市的调查为例 [J]. 华东师范大学学报 (哲学社会科学版), 2015 (5): 84-93.

[108] 文军. "被市民化"及其问题——对城郊农民市民化的再反思 [J]. 华东师范大学学报 (哲学社会科学版), 2012 (4): 7-11.

[109] 文军. 城市化建设与居民生活结构的未预期后果 [J]. 重庆社会科学, 2004 (1): 101-105.

[110] 文军. 农民市民化 [J]. 开放时代, 2009 (8): 42-46.

[111] 文军. 从生存理性到社会理性选择: 当代中国农民外出就业动因的社会学分析 [J]. 社会学研究, 2001 (6): 19-30.

[112] 吴理财. 论贫困文化 (上) [J]. 社会, 2001a (8): 17-20.

[113] 吴理财. 论贫困文化 (下) [J]. 社会, 2001b (9): 31-32.

[114] 吴猛. 社区协商民主: 理论阐释与路径选择 [J]. 社会主义研究, 2011 (2): 99-101。

[115] 吴廷烨, 刘云刚, 王丰龙. 城乡接合部流动人口聚居区的空间生产——以广州市瑞宝村为例 [J]. 人文地理, 2013 (6): 86-91.

[116] 吴越菲, 文军. 农业转移人口市民化的系统构成及其潜在风险 [J]. 南京农业大学学报 (社会科学版), 2016 (5): 1-10.

[117] 向春玲. 中国城镇化进程中的"城市病"及其治理 [J]. 新疆师范大学学报 (哲学社会科学版), 2014 (2): 45-53.

[118] 项飚. 传统与新社会空间的生成——一个中国流动人口聚居区

的历史［J］. 战略与管理，1996（6）：99－111.

［119］肖华，王芳，张萍，等. 家庭因素对居民睡眠质量的影响——基于湖北省城乡比较的实证研究［J］. 中国社会医学杂志，2017（2）：138－142.

［120］肖云，邓睿. 新生代农民工城市社区融入困境分析［J］. 华南农业大学学报（社会科学版），2015（1）：36－45.

［121］谢治菊，李小勇. 认知科学与贫困治理［J］. 探索，2017（6）：127－135.

［122］邢占军. 城乡居民主观生活质量比较研究初探［J］. 社会，2006（1）：130－141.

［123］熊光清. 新生代农民工社会排斥问题分析——基于五省市的实地调查［J］. 学习与探索，2014（6）：39－45.

［124］熊易寒. 当代中国的身份认同与政治社会化：一项基于城市农民工子女的实证研究［D］. 复旦大学博士士研究生学位论文，2008.

［125］徐建玲，刘传江. 中间选民理论在农民工市民化政策制定中的运用——基于武汉市 436 位农民工的实证研究［J］. 管理世界，2007（4）：40－45.

［126］许伟，罗玮. 空间社会学：理解与超越［J］. 学术探索，2014（2）：15－21.

［127］杨建华. 日常生活：中国村落研究的一个新视角［J］. 浙江学刊，2002（4）：75－80.

［128］杨威. 思想政治教育者角色建设的社会学分析［J］. 思想理论教育，2013（3）：40－44.

［129］姚迈新. 中国城市扶贫：经验分析与发展路向［J］. 广东行政学院学报，2017（5）：57－62

［130］姚植夫，薛建宏. 新生代农民工市民化意愿影响因素分析［J］. 人口学刊，2014（3）：107－112.

［131］叶初升，冯贺霞. 城市是幸福的“围城”吗？——基于 CGSS 数据对中国城乡幸福悖论的一种解释［J］. 中国人口．资源与环境，2014（6）：16－21.

[132] 叶俊焘，钱文荣. 不同规模城市农民工市民化意愿及新型城镇化的路径选择 [J]. 浙江社会科学，2016 (5)：64 - 74.

[133] 张超，毕道君. 农业转移人口市民化意愿激发诱因分析 [J]. 江淮论坛，2017 (4)：18 - 24.

[134] 张海东，毕婧千. 城市居民疏离感问题研究——以 2010 年上海调查为例 [J]. 社会学研究，2014 (4)：94 - 109.

[135] 张洪武. 在社区协商中实现社区自治 [J]. 求实，2016 (1)：76 - 80.

[136] 张鸿雁. 中国新型城镇化理论与实践创新 [J]. 社会学研究，2013 (3)：1 - 14.

[137] 张积良. 扭转"新生代农民工"贫困代际传递趋势的思路与对策. 新疆社会科学（汉文版），2016 (1)：142 - 148.

[138] 张霁雪. 城乡接合部外来人口的空间实践与城市融入 [J]. 山东社会科学，2014 (6)：46 - 51.

[139] 张军华. 基于三种幸福感成分的城乡比较元分析 [J]. 西北师大学报（社会科学版）. 2011，48 (4)：96 - 100.

[140] 张军华. 幸福感城乡差异的元分析 [J]. 社会. 2010 (2)：144 - 155.

[141] 张丽艳，陈余婷. 新生代农民工市民化意愿的影响因素分析——基于广东省三市的调查 [J]. 西北人口，2012 (4)：63 - 66.

[142] 张世勇. 新生代农民工逆城市化流动：转变的发生 [J]. 南京农业大学学报：社会科学版，2014 (1)：9 - 19.

[143] 张文宏，雷开春. 城市新移民社会认同的结构模型 [J]. 社会学研究，2009 (4)：61 - 87.

[144] 张文宏，雷开春. 城市新移民社会融合的结构/现状与影响因素分析 [J]. 社会学研究，2008 (5)：117 - 141.

[145] 张学东. 对"凤凰男"与"孔雀女"婚姻问题的社会学分析 [J]. 中国青年研究，2009 (4)：13 - 16.

[146] 张兆曙. 农民日常生活视野中的城乡关系及其出路 [J]. 福建论坛（人文社会科学版），2009 (12)：170 - 175.

[147] 张志旻、赵世奎、任之光、杜全生、韩智勇、周延泽、高瑞平．共同体的界定、内涵及其生成——共同体研究综述［J］．科学学与科学技术管理，2010（10）：14－20.

[148] 赵奉军．城市让生活更美好——户籍身份变动与居民生活满意度［J］．中国农村观察，2016（4）：56－71.

[149] 赵新平，周一星．改革以来中国城市化道路及城市化理论研究述评［J］．中国社会科学，2002（02）：132－138.

[150] 赵延东，Jon Pedersen．受访者推动抽样：研究隐藏人口的方法与实践［J］．社会，2007（2）：192－205.

[151] 郑杭生．社会转型论及其在中国的表现——中国特色社会学理论探索的梳理和回顾之二［J］．广西民族学院学报（哲学社会科学版），2003（5）：62－73.

[152] 郑杭生．农民市民化：当代中国社会学的重要研究主题［J］．甘肃社会科学，2005（4）：4－8.

[153] 郑杭生．社会学概论新修［M］．北京：中国人民大学出版社，2003.

[154] 周江评．“空间不匹配”假设与城市弱势群体就业问题：美国相关研究及其对中国的启示［J］．现代城市研究，2004（9）：8－14.

[155] 周绍杰，王洪川，苏杨．中国人如何能有更高水平的幸福感——基于中国民生指数调查［J］．管理世界，2015（6）：8－21.

[156] 周怡．贫困研究：结构解释与文化解释的对垒［J］．社会学研究，2002（3）：49－63.

[157] 周怡．社会情境理论：贫困现象的另一种解释［J］．社会科学，2007（10）：58－64.

[158] 朱迪．市场竞争，集体消费与环境质量——城镇居民生活满意度及其影响因素分析［J］．社会学研究，2016（3）：193－217.

[159] Bourdieu P. Outline of a Theory of Practice［M］. Cambridge university press, 1977.

[160] Cécyle Trépanier. The Cajunization of French Louisiana: Forging a Regional Identity［J］. The Geographical Journal, 1991, 157（2）: 161－171.

[161] Douglas D. Heckathorn . Respondent – Driven Sampling: A New Approach to the Study of Hidden Population [J]. Social Problems, 1997, 44 (2): 174 – 199.

[162] Easterlin R A, Angelescu L, Zweig J S. The impact of modern economic growth on urban – rural differences in subjective well – being [J]. World development, 2011, 39 (12): 2187 – 2198.

[163] Graham C, Zhou S, Zhang J. Happiness and Health in China: The Paradox of Progress [J]. World Development. 2017, 96: 231 – 244.

[164] Hazel Rose Markus, Shinobu Kitayama (1991): Culture and the self: Implications for cognition, emotion, and motivation [J]. Psychological review, 1991, 98 (2): 224 – 253.

[165] Knight J, Gunatilaka R. Great Expectations? The Subjective Well – Being of Rural – Urban Migrants in China [J]. World Development, 2010, 38 (1): 113 – 124.

[166] Kreft I G G, Kreft I, de Leeuw J. Introducing multilevel modeling [M]. Sage, 1998.

[167] Lewis O. Five Families: Mexican Case Studies in the Culture of Poverty [J]. American Journal of Sociology, 1959, 34 (1): 99 – 100.

[168] Lin N, Bian Y. Getting Ahead in Urban China [J]. American Journal of Sociology, 1991, 97 (3): 657 – 688.

[169] Louis Wirth. Urbanism as a Way of life [J] . American Journal of Sociology, 1938, 44 (1): 1 – 24.

[170] Luo C. Urban – rural divide, employment, and subjective well – being [J]. CHINA ECONOMIC QUARTERLY – BEIJING, 2006, 5 (3): 817 – 840.

[171] Mancur Olson . The Logic of Collective Action: Public Goods and the Theory of Groups [M] . Cambridge: Cambridge University Press, 1966.

[172] Masaki Yuki (2003): . Intergroup comparison versus intragroup relationships: A cross – cultural examination of social identity theory in North American and East Asian cultural contexts [J]. Social Psychology Quarterly,

2003, 66 (2): 166 - 183.

[173] Oishi S, Koo M, Akimoto S. Culture, Interpersonal Perceptions, and Happiness in Social Interactions [J]. Personality and Social Psychology Bulletin, 2008, 34 (3): 307 - 320.

[174] Okulicz - Kozaryn A, Mazelis J M. Urbanism and Happiness: A Test of Wirth'S Theory of Urban Life [J]. Urban Studies, 2017, 55 (2): 349 - 364.

[175] Peter S. Onuf . The Northwest Ordinance and Regional Identity [J]. The Wisconsin Magazine of History, 1989, 72 (4): 293 - 304.

[176] Raudenbush S W, Bryk A S. Hierarchical linear models: Applications and data analysis methods [M]. Sage, 2002.

[177] Stuart Corbridge, Gareth A. Jones The continuing debate about urban bias: the thesis, its critics, its influence, and implications for poverty reduction [M]. Department of Geography and Environment, LSE, 2005.

[178] Tom A B, Bosker T A B S R J, Bosker R J. Multilevel analysis: an introduction to basic and advanced multilevel modeling [M]. Sage, 1999.

[179] White M P, Alcock I, Wheeler B W, et al. Would You be Happier Living in a Greener Urban Area? A Fixed - Effects Analysis of Panel Data [J]. Psychological Science, 2013, 24 (6): 920 - 928.

附录一

《有序推进农业转移人口市民化》调查问卷

第一部分　调查对象基本信息

(　) 1. 性别：(1) 男 (2) 女

(　) 2. 您的年龄：周岁（请直接填写）。

(　) 3. 您家庭的常住人口数：人，您家的住房总面积有平方米。

(　) 4. 你的民族：(1) 汉族 (2) 少数民族 (3) 其他

(　) 5. 您的户籍和居住情况是：(选 4 的，请回答 5－1)

(1) 农业户口，主要居住在农村

(2) 农业户口，现居住在本地城镇

(3) 农业户口，主要寄居在打工的城镇

(4) 以前是农业户口，现在已转为非农业户口

(　) 5－1. 您获得城镇非农业户籍有多长时间？

(1) 不足 1 年 (2) 1～3 年 (3) 4～6 年 (4) 7～10 年 (5) 10 年以上

(　) 6. 政治面貌：(1) 中共党员 (2) 民主党派 (3) 共青团员 (4) 群众

(　) 7. 婚姻状况：(1) 已婚 (2) 未婚 (3) 离异 (4) 丧偶 (5) 再婚

(　) 8. 文化程度：(1) 小学及以下 (2) 初中 (3) 高中（中专或技校）(4) 大专 (5) 大学本科及以上

(　) 9. 您目前的主要职业/身份是：

(1) 居委会或村委会干部 (2) 专业技术人员 (3) 个体户或私营企业

（4）传统农牧渔业（5）现代种植、养殖业

（6）政府或事业单位工作人员（7）企业正式职工（8）离退休

（9）无业或待业（10）其他

（ ）10. 您参加过职业技术培训的次数：

（1）从未参加过（2）1次（3）2～3次（4）4～5次（5）6次及以上

（ ）11. 您是否拥有专业技能证书？（1）是（2）否

（ ）12. 您目前所居住的住房类型：

（1）宅基地建房（2）自购商品房（3）征地补偿房（4）租房

（5）单位（学校）的宿舍或公寓（6）亲戚朋友家的住房（7）其他

（ ）13. 您目前已参加或享有的社会保障有（可多选）：

（1）城镇职工保障（2）城镇居民保障（3）新型农村社会养老保险

（4）新型农村合作医疗保险（5）商业保险（6）无任何保障（7）其他

第二部分　微观个体层面

（ ）14. 您平均的月收入大约为：　元

（ ）15. 您家庭一年的总收入约为：　元

（ ）16. 除了每日三餐必需的日常开支外，您家庭的每月支出主要用于：（最多选三项）

（1）交通（2）通信（手机、网络）（3）水电煤等（4）物业费（5）住房（6）子女教育（7）人情往来（8）参加培训等（9）医疗（10）买衣服（11）文化娱乐活动（购书、看电影、演出等）（12）兴趣爱好（旅游、收藏等）（13）赡养老人（14）没什么花费（15）其他

（ ）17. 您个人收入主要来源（可多选）：

（1）农业产出（2）出租房屋（3）社会保障收入（4）打工（5）正式单位工资收入（6）集体资产分红（7）土地补偿金（8）股票等证券收入（9）经营性收入（10）无收入（11）其他

（ ）18. 与您生活圈子里的人相比，您的经济收入水平如何？

（1）非常高（2）比较高（3）一般（4）比较差（5）很差（6）说不清楚

（ ）19. 就您的能力与工作情况而言，您认为现在的收入是否合理？

（1）非常合理（2）比较合理（3）一般（4）不太合理（5）非常不合理

（　）20. 在您找工作的过程中，您认为最重要的因素是什么？

（1）学历（2）专业技能（3）就业信息（4）社会关系（5）吃苦耐劳（6）其他

（　）21. 您认为自己应归属于以下哪个群体：

（1）市民（2）农民（3）说不清楚，介于两者之间（4）没想过

（　）22. 您觉得您与其他市民之间的区别主要存在于哪些方面（可多选）

（1）户籍（2）收入水平（3）社会地位（4）政治权利（5）生活习惯（6）社会环境（7）社会保障与福利（8）思想观念（9）以上都有区别（10）没什么区别（11）其他

（　）23. 如果可能，您更愿意：

（1）做农民（2）当市民（3）无所谓，农民和市民没有很多区别（4）其他

（　）24. 如果把社会地位从低到高划分为 10 层（最低为 1 层，最高为 10 层），那么您认为自己应该属于第几层？

（　）25. 如果把主观满意度从低到高分为 10 分（最不满意为 1 分，最满意为 10 分），那么您对自己当前生活满意度可以打多少分？

（　）26. 以下内容请做出你的满意度评判（请在符合条件的框下画钩）

	非常满意	比较满意	一般	不太满意	非常不满意
居住环境					
医疗卫生条件					
社区文化生活					
邻里关系					
子女教育					
经济状况					
政府针对农村及农民的相关政策					

第三部分　中观社会层面

（　）27. 您目前的工作是如何找到的：

（1）政府安置（2）自谋职业（3）通过老家的亲朋好友介绍的（4）通过城里的亲友找到的（5）职业中介机构介绍的（6）没有工作（7）其他

（　）28. 在您平时的交往中，按照交往频率，请在以下群体中选择交往最多的3项：

（1）家人（2）亲戚（3）同事（4）同学（5）朋友（6）邻居（7）原村里人（老乡或征地前的邻居）（8）其他市民（不包括原来就居住在城市的亲友、同事和同学）（9）其他

（　）29. 您和其他城市居民（不包括原来就住在城市的亲友）的交往情况为（选3、4、5的被调查者答29－1）：

（1）交往很多（2）交往较多（3）交往较少（4）交往很少（5）从不交往

（　）29－1. 您和其他市民的交往较少或不交往的原因主要有：(可多选)

（1）感觉城市人不好相处（2）没有什么共同话题（3）觉得城市人看不起自己（4）不知道如何跟他们交往（5）交往机会少（6）其他

（　）30. 在与原来一些老市民的交往中，您感觉他们对您的友好程度总体上是：

（1）很友好（2）比较友好（3）一般（4）不太友好（5）很不友好（6）没有接触过

（　）31. 和您以前居住的地方相比，您认为现在所居住小区的邻里关系：

（1）比以前疏远（2）比以前和睦（3）跟以前差不多（4）说不清楚（5）不适用（没有搬迁过）

（　）32. 您觉得自己在社会上的人际交往范围，属于：

（1）非常广泛（2）比较广泛（3）一般（4）不太广泛（5）很不广泛

（　）33. 您会参加居委会（村委会）工作人员的竞选吗?：

(1) 这是我的权利，当然会考虑参加 (2) 有点犹豫，看情况再说 (3) 与我无关，不参加 (4) 其他

( ) 34. 若您在生活中受到不公平待遇，您将采取怎样的行动 (可多选)：

(1) 找法院 (2) 找政府部门 (3) 找熟人 (4) 找村 (居委会) 干部 (5) 找单位领导 (6) 诉诸媒体 (7) 沉默 (8) 没有遇到不公平 (9) 其他

( ) 35. 空闲时间你通常是怎样打发的 (可多选)：

(1) 听广播、看电视 (2) 看报纸、书籍 (3) 聊天 (4) 打牌搓麻将 (5) 睡觉 (6) 参加文体活动 (7) 参加公益活动或志愿服务 (8) 参加宗教活动 (9) 参加职业技能培训 (10) 玩游戏 (11) 上网 (12) 其他

( ) 36. 目前您最关心的问题是：(可多选，限选5项)

(1) 稳定的经济收入 (2) 健康状况 (3) 父母赡养问题 (4) 住房 (5) 子女就业与教育 (6) 自己就业 (7) 技能培训 (8) 农作物的收益 (9) 家庭成员关系 (10) 其他人际关系 (11) 社会保障和福利 (12) 社会治安 (13) 本地区发展前景 (14) 整个国家发展前景 (15) 其他 (请注明：)

全部访问彻底结束。再次谢谢您的配合！

附录二

访谈提纲（“凤凰男”群体）

一、基本情况

1. 姓名，年龄，职业，职务，户籍情况。

2. 婚姻情况，娶了“孔雀女”还是“凤凰女”，抑或是其他？恋爱的大致过程？

3. 家庭情况，孩子的情况，目前居住在哪里？面积？全家人的户口情况？

4. 本人的求学经历？何时来上海的？在上海工作的发展情况？

5. 老家的情况？童年的生活状况等。

6. 本人的月收入大致情况？家庭收入情况？如何分配这些收入？是否寄回老家？太太的态度？家里的经济大权谁掌握？

7. 目前同一城市中有亲属吗？父母亲属来访的频率？是否同住？

8. 其他（视访谈情况增减，若可以越深入越好）

二、社会认同情况

1. 群体认同

（1）是否了解“凤凰男”这一名词？何种渠道了解的？

（2）您认为自己是“上海人”？还是“外地人”？还是“新上海人”？既不是上海人也不是外地人？

（3）如果能够正视自己“凤凰男”的身份，介意他人用“凤凰男”

来称呼自己吗？

（4）如果有“凤凰男”社团是否会参加？与自己有相似奋斗经历的人聚会是否感到愉快？参加同乡会吗？朋友中“凤凰”们居多吗？

（5）来沪后与什么样的人交往？他们和您之间的关系如何？

（6）如何看待“富二代”这个群体？

2. 文化认同

（1）能讲上海话吗？什么情况下讲？家里的常用语言？

（2）会邀请本地人到家里做客吗？如何看待上海人的价值观？

（3）是否熟悉上海本地特有的风俗习惯？能讲出来一些吗？怎么知道的？

（4）日常生活中，会按照本地风俗习惯办事吗？还是分对象来处理？

（5）你和家人会过本地人的节日吗？怎么过的？老家特有的节日、风俗还保留吗？

（6）平日日常的休闲活动有哪些？其中哪些是来上海后才有的？有哪些是一直保持的？这些活动分别和哪些人一起进行？

3. 地域认同

（1）对子女的期望？来上海奋斗的原因与之相关吗？希望子女在上海发展？

（2）对本人未来工作生活发展的安排？定居上海？

（3）在上海，是否有房产？如何购置的？现在房产的情况？或打算（再）购置吗？

（4）来沪后业余生活如何？

4. 职业认同

（1）目前的大致薪水？福利待遇？

（2）工作量？工作强度？与同事的关系？与上司的关系？与下属呢？

（3）职业的社会声望如何？

（4）工作地点与住址的距离？

（5）单位和公司的升迁机会？对以后自身的发展呢？工作自主性？

5. 地位认同（SES，社会经济地位）

（1）您认为自己在上海属于哪个阶层？上，中上，中，中下，下？为什么？

（2）对于自己的源家庭的阶层划分？如果自己没有来上海现在会是怎样？

（3）对于自己在上海发展的预期？

（4）对于子女的期望？

三、其他（为跟踪调查做准备）

1. 被访者自己根据访谈内容有无补充？
2. 是否愿意接受我的回访？以及常年的跟踪调查？
3. 其他。
4. 感谢被访者！

附录三

调查问卷（“凤凰男”群体）

F　调查对象背景资料：

F1 您在上海工作生活的年数：（请填写）年个月（不包括读书阶段）

F2 您的出生地：1. 上海　2. 外地　【　】

F3 年龄：（按周岁填写）1. 22～30 岁　2. 31～40 岁　3. 41～50 岁　【　】

F4 婚姻状况：1. 已婚（加做 F4－1）　2. 未婚　3. 离异　4. 丧偶　【　】

F4－1 您的太太从小生活环境较之于您：1. 更优越　2. 差不多　3. 更差　【　】

F5 您的学历情况：　【　】

1. 大学本科；2. 全日制硕士；3. 全日制博士；4. 在职硕士；5. 在职博士

F6 去年全年个人收入情况：（包括所有工资、奖金、投资收益等）　【　】

1. 4 万元及以下；2. 4 万～7 万元；3. 7 万～12 万元；4. 12 万～25 万元；5. 25 万元及以上

A　群体认同情况

A1：相对于您的亲属，您认为您的社会地位：　【　】

1. 最高；2. 较高；3. 差不多；4. 较低；5. 最低

A2：您认为自己属于：（单项选择）　【　】

1. 上海人；2. 新上海人；3. 既是上海人又是外地人；4. 外地人；5. 说不清

A3：您如何看待“富二代”：（单项选择） 【　】

1. 没本事，靠父母，不值得骄傲；2. 出身决定命运；3. 非常羡慕他们

A4：在沪工作后，您最主要的交往群体是： 【　】

1. 同乡；2. 上海人；3. 非同乡外地人

A5：在沪工作后，您选择交往群体的首要标准是：（单项选择） 【　】

1. 对您的事业有帮助；2. 有相同的兴趣爱好；3. 有相同的人生经历

B　文化认同情况

B1：您能讲上海话吗？（单项选择）

1. 能讲；2. 能讲一些；3. 不能讲 【　】

B2：您是否熟悉上海特有的风俗习惯：（单项选择） 【　】

1. 很熟悉；2. 大部分熟悉；3. 熟悉一些；4. 几乎不熟悉

B3：在沪工作后，如遇朋友乔迁之喜，您会：（单项选择） 【　】

1. 送花；2. 送家居用品；3. 送甘蔗或竹竿；4. 其他（请填写）

B4：日常生活中，您会遵循上海的风俗习惯吗？：（单项选择）【　】

1. 完全遵循；2. 仅仅与本地人交往时才遵循；3. 说不清楚；4. 不遵循

B5：以下休闲娱乐场所，哪些是您在沪工作后常去的？：（多项选择） 【　】

1. KTV；2. 健身房；3. 影剧院；4. 棋牌室；5. 茶坊；6. 公园；7. 博物馆

C　地域认同情况

C1：您希望子女在上海发展吗？：（单项选择） 【　】

1. 非常希望；2. 比较希望；3. 无所谓；4. 不太希望；5. 最好不留在上海

C2：您未来在上海生活工作的打算：（单项选择） 【　】

1. 长期在上海工作生活；2. 三五年后再到其他地方；3. 暂时不考虑，

看情况

C3：您在上海的购房意愿：（单项选择）【　　】

1. 已购房产，（区）；2. 三五年内考虑买房；3. 不打算在上海买房

D　职业认同情况（在符合您情况的框内画“√”）

	非常满意	比较满意	一般	不太满意	非常不满意
D1. 薪水					
D2. 福利待遇					
D3. 升迁机会					
D4. 与同事的关系					
D5. 与上司的关系					
D6. 工作量					
D7. 职业的社会声望					
D8. 工作地点与住址距离					

E　地位认同情况

E1：您认为您个人的综合经济地位在上海大体属于哪个层次：【　　】

1. 上层；2. 中上层；3. 中层；4. 中下层；5. 下层

E2：您认为您个人的综合社会地位在上海大体属于哪个层次：【　　】

1. 上层；2. 中上层；3. 中层；4. 中下层；5. 下层

对于此次调查，您是否还有补充？

是否愿意接受回访或跟踪调查？若愿意，请留下联系方式。谢谢您！

附录四

《上海市底层群体生存与发展状况调查研究》调查问卷

F. 调查对象背景资料

F1【　】您的性别：

1. 男；2. 女

F2 你的年龄是：（按周岁填写）

F3【　】您的婚姻状况是：

1. 未婚；2. 已婚；3. 离婚；4. 丧偶；5. 分居

F4【　】您的政治面貌是：

1. 中共党员（含预备）；2. 共青团员；3. 民主党派；4. 群众；5. 其他

F5【　】您的学历是：

1. 小学及以下；2. 初中；3. 高中或中专；4. 大专；5. 大学本科及以上

F6【　】目前您的主要收入来源：

1. 出租房屋；2. 打零工；3. 固定工作；4. 亲友支持；5. 社会援助；6. 各类社会保障性收入；7. 个体经营收入；8. 自由职业；9. 其他（请注明）

F7【　】您的职业身份为：

1. 企业管理人员；2. 企业普通职工；3. 自由职业者；4. 个体或私营业主；5. 事业单位管理人员；6. 事业单位办事人员；7. 商业、服务业人员；8. 在校学生；9. 离退休人员；10. 无业；11. 其他（请注明）

F8【　】您目前参加过哪些社会保险？（可多选）

1. 基本养老保险；2. 基本医疗保险；3. 失业保险；4. 工伤保险；5. 生育保险；6. 其他商业保险；7. 没有任何保险；8. 其他（请注明）

F9【 】您现在居住的住房属性是：

1. 廉租房；2. 经济适用房；3. 公共租赁房；4. 动迁安置房；5. 商品房；6. 公房；7. 一般性租房；8. 其他（请注明）

F10【 】您去年家庭人均收入为（包括所有工资、奖金、股票、房租等）

1. 0 ~ 8000 元；2. 8001 ~ 20000 元；3. 20001 ~ 40000 元；4. 40001 ~ 56000 元；5. 56000 ~ 120000 元；6. 120000 元以上

F11 您现在家庭的人均住房面积大约为 平方米

A. 调查的主要问题

A1【 】请您对自己目前的生存与发展状况的总体满意度打分（满分为 10 分）

A2【 】如果个人的社会地位一共分为十等（地位最高打 10 分，最低打 1 分），请您对您个人的社会地位打分

A3【 】对于政府的有关民生政策及其执行情况，你的总体满意程度是：

1. 很满意；2. 比较满意；3. 一般；4. 不太满意；5. 很不满意

A4【 】在与政府有关部门"打交道"的过程中，你的满意程度是：

1. 很满意；2. 比较满意；3. 一般；4. 不太满意；5. 很不满意

A5【 】您对您的个人社会交往情况满意吗？

1. 很满意；2. 比较满意；3. 一般；4. 不太满意；5. 很不满意

A6【 】您认为目前政府对困难群体最应该加强的社会支持措施是：

1. 社会保险；2. 社会救助；3. 社会福利；4. 慈善事业；5. 社区照顾；6. 都需要；7. 其他（请注明）

A7【 】工作或劳动之余，您平时交往最多的群体是：

1. 同事；2. 同学；3. 邻居；4. 亲人；5. 朋友；6. 其他（请注明）

A8【 】您日常交往的群体中外地人多吗？

1. 有很多；2. 有几个；3. 有一个；4. 没有

A9【 】您希望和外地人多接触和交朋友吗？

1. 非常希望；2. 希望；3. 无所谓；4. 不希望；5. 非常不希望

A10【 】和去年的这个时候相比，您觉得您家里经济生活的变化是：

（选 2 回答 A10－1）

1. 生活变宽裕、轻松了；2. 生活变得更艰难了；3. 没有什么变化；4. 说不清楚

A10－1【　】您认为生活变艰难的主要原因是：（可多选，但最多三项）

1. 家庭总体收入增长缓慢/不增长/减少；2. 物价波动导致日常生活开支增加；3. 家庭成员因病而导致的经济支出困难；4. 家庭成员的教育开支增加；5. 居住（租房购房）方面的经济压力；6. 老人的赡养支出和照料压力；7. 不清楚；8. 其他（请注明）

A11【　】和去年的这个时候相比，您的心态变化是：

1. 变乐观了；2. 没什么改变；3. 变悲观了；4. 说不清楚

A12【　】就目前或今后一段时间，你觉得自己最感不安的问题是：（最多可选择三项）

1. 基本生存问题；2. 家庭婚姻情感问题；3. 子女抚养教育问题；4. 个人发展问题；5. 住房问题；6. 精神文化生活问题；7. 社会交往和融入问题；8. 收入增长问题；9. 就业问题；10. 养老问题；11. 没有什么问题；12. 其他（请注明）

A13【　】您觉得以下哪些因素最有可能增加您的幸福感（最多可选择五项）

1. 稳定的社会局势；2. 舒适的居住环境；3. 丰厚的收入；4. 家庭和睦；5. 良好的工作和生活环境；6. 融洽的人际关系；7. 健康的心理；8. 健康的身体；9. 个人发展有良好前景；10. 更高的个人尊严；11. 足够的休闲时间；12. 更低的物价；13. 丰富的业余生活；14. 完善的社会保障；15. 其他（请注明）

A14【　】你对自己个人未来的发展期待是：（可多选，但最多三项）

1. 出人头地、光宗耀祖；2. 健康平安、快乐幸福；3. 拥有和谐美满的家庭；4. 收入稳定、生活富足；5. 工作顺利，生活踏实；6. 其他（请注明）

A15【　】在未来的一年中，您对您生活的进一步改善是否有信心：（最多可选择三项）

1. 没有任何信心；2. 信心较弱；3. 信心一般；4. 信心较强；5. 非常有信心

A16【 】你对社会未来发展的期待是：（最多可选择三项）

1. 现在这样就很好；2. 经济发达；3. 竞争激烈；4. 规则公平；5. 机会与风险并存；6. 民主法治；7. 贫富差距小；8. 道德高尚；9. 文化先进；10. 其他（请注明）

A17【 】对于政府当前的民生政策，您认为最需要改善的地方是：（最多可选择三项）

1. 政策制定要兼顾社会各个群体，尽可能公平；2. 政策出台前应广泛听取居民意见；3. 政策需公开透明，让居民知晓；4. 政策执行要稳定，不要朝令夕改；5. 政策出台要迅速及时；6. 政策执行要切实有效，不能缺斤少两；7. 其他（请注明）

A18【 】您认为通过什么方式能够影响政府民生政策的具体内容：

1. 参与相关政策出台前的听证会；2. 针对不合理的政策内容进行抗议；3. 通过公开渠道对相关政策提出反馈建议；4. 通过私下途径，表达对政策不满；5. 不清楚；6. 什么方式都不能影响；7. 其他（请注明）

A19 上海目前在以下民生领域的实事项目，您认为：【请将序号填在横线上】

1. 城镇化建设；2. 养老和为老服务；3. 医疗卫生服务；4. 交通出行；5. 就业创业；6. 教育；7. 环境保护；8. 商业配套建设；9. 文体康乐服务；10. 公共安全与食品安全；11. 保障性住房建设；12. 其他

A19－1 最迫切需要解决的依次是：第一；第二；第三

A19－2 最让您满意的依次是：第一；第二；第三

A19－3 最让您不满意的依次是：第一；第二；第三

A20【 】您认为上海民生领域的相关政策制度是否存在一定的不公正现象：（选 1 请回答 A20－1）

1. 是，而且很严重；2. 是，而且比较严重；3. 是，但是不严重；4. 不是，几乎不存在；5. 不是，完全不存在；

A20－1【 】您认为这种现象将导致什么样的后果：（可多选，但最多三项）

1. 不会有什么严重后果；2. 会破坏社会公平，引发社会矛盾；3. 会破坏政府在人民心目中的形象；4. 会引发人和人之间的冷漠和矛盾；

5. 不利于弱势群体的生存和发展；6. 其他（请注明）

A21【　】假如您（或家人）在民生政策的具体执行过程中受到不公正待遇，您会选择：（可多选，但最多三项）

1. 发发牢骚也就算了；2. 通过政府予以解决；3. 通过“上访”“示威”等手段；4. 无奈，忍受，自认倒霉；5. 托关系，找熟人；6. 通过法律手段维护自身权益；7. 诉诸媒体等非官方机构，争取舆论支持；8. 其他（请注明）

A22【　】假如上海市民主领域的政策进行了调整，包括您在内的一大批人受到了严重不公正待遇，有人动员您一起去找政府要个说法，您会：

1. 大力支持，积极参与；2. 参与，但不出头；3. 先看看形势的发展再做决定；4. 无论如何也不参与；5. 其他（请注明）

A23 以下说法，您的观点是：（在符合您情况的框内画“√”）

	非常同意	比较同意	一般	不太同意	很不同意
1. 农民工应当获得城市户口并享受和市民平等的保障					
2. 国家的政策都是好的，只是下面的人执行出了问题					
3. 相对于地位比我高的人，我更愿意和比我地位低的人交往					
4. 社会上的人更多的是竞争关系而不是合作关系					
5. 无证摊贩应该被取缔而不是同情					
6. 社会底层的人们为了生存干一些违法的事情是可以原谅的					
7. 群众上访一般的诉求一般都是合理的					
8. 个人贫困主要是由于个人不努力造成的，责任不在社会					

续表

	非常同意	比较同意	一般	不太同意	很不同意
9. 从总体上看，当前社会的矛盾已经比较激化了					
10. 相对于社会上和网络上的传言，我更相信国家主流媒体的信息					
11. 团结就是力量，在争取利益时团体的作用大于个人					

A24 您对促进社会各阶层的和谐发展有什么好的建议？

____

____

调查结束，谢谢您的配合与支持！